本书获得安徽省高校人文社会科学研究项目(项目号:SK2021ZD0077)与高校优秀青年人才支持项目(项目号:gxyq2022070)资助

安徽推动长三角高质量一体化发展研究

于 娜 著

合肥工業大學出版社

图书在版编目(CIP)数据

安徽推动长三角高质量一体化发展研究/于娜著 .—合肥：合肥工业大学出版社，2022.11

ISBN 978-7-5650-6139-4

Ⅰ.①安… Ⅱ.①于… Ⅲ.①长江三角洲—区域经济发展—研究—安徽 Ⅳ.①F127.54

中国版本图书馆 CIP 数据核字(2022)第 207679 号

安徽推动长三角高质量一体化发展研究

于 娜 著　　　责任编辑 孙南洋

出 版	合肥工业大学出版社	版 次	2022 年 11 月第 1 版
地 址	合肥市屯溪路 193 号	印 次	2022 年 11 月第 1 次印刷
邮 编	230009	开 本	710 毫米×1010 毫米 1/16
电 话	人文社科出版中心：0551-62903200	印 张	12.25
	营销与储运管理中心：0551-62903198	字 数	226 千字
网 址	press.hfut.edu.cn	印 刷	安徽联众印刷有限公司
E-mail	hfutpress@163.com	发 行	全国新华书店

ISBN 978-7-5650-6139-4　　　定价：46.00 元

如果有影响阅读的印装质量问题，请与出版社营销与储运管理中心联系调换。

前　　言

长江三角洲地区位于“一带一路”与长江经济带的重要交汇地带，是我国综合实力最强的区域之一，在国家现代化建设大局和全方位开放格局中具有举足轻重的战略地位。《长江三角洲区域一体化发展规划纲要》提出，要发挥安徽“创新活跃强劲、制造特色鲜明、生态资源良好、内陆腹地广阔”等优势，推进皖江城市带联动发展，加快合芜蚌自主创新示范区建设，打造具有重要影响力的“科技创新策源地、新兴产业聚集地和绿色发展样板区”。

科技创新是长三角高质量发展的源泉，长三角区域经济处于结构深度调整和动能根本转换期，传统经济支撑力衰退，动能转换从资源驱动、投资驱动转向创新驱动，技术发展的源头从由国外引进转向以国内自主研发为主。人力资本是长三角高质量一体化的内在动力，江浙沪对安徽人口具有虹吸效应，人口流动不均衡非常明显，导致长三角地区人力资本存量差异大，经济社会发展不平衡，故应认真分析安徽人力资本竞争力在推动长三角一体化过程中的重要作用。产业资本引导长三角高质量一体化的示范效应和辐射效应较为明显，将产业资本及资源优势转化为安徽推动长三角一体化发展的生产要素，是安徽从积极融入到主体推动长三角经济高质量发展的关键一环。金融资本是推动长三角高质量一体化发展的保障，目前长三角各地区的金融呈现差异化发展态势，分析安徽金融资本竞争力有助于提升长三角高质量发展。

安徽作为长三角的西部门户和国家战略的桥头堡，在科技、人力、产业、金融等方面具有强大的优势和发展潜力。因此，深入研究安徽推动长三角高质量一体化发展显得非常必要，特别是以科技资本、人力资本、产业资本、金融资本等微观视角来探索安徽推动长三角高质量一体化战略定位和发展研究，能够较好地实现“扬皖所长、展现作为”。

本书获安徽省高校人文社会科学研究项目（项目号：SK2021ZD0077）与高校优

秀青年人才支持项目(项目号:gxyq2022070)资助,在研究过程中作者对安徽科技、人力、金融推动长三角发展进行了调研,合肥学院章迪、徐蕾、赵芸影等同学参与访谈,并向相关行业人士和专家进行了咨询,在此一并表示感谢。由于作者水平有限,且长三角高质量一体化在不断发展变化中,书中难免有考虑不周之处,敬请批评指正。

合肥学院　于娜

2022 年 8 月

目　　录

第一章　安徽推动长三角高质量一体化的理论基础

党的十九大报告提出了高质量发展一词，高质量发展不仅意味着交通的互联互通，更重要的是社会公共服务等多方面的一体化，意味着低成本与高效率的互联互通。高质量发展的目的不仅是更好地满足人民日益增长的需求和对美好生活的向往，而且其本身也是新发展理念的一种表现。我国目前的经济状况已由高速度增长阶段向高质量发展阶段转变。在高质量发展背景下，创新成为引领发展的第一动力，协调成为可持续发展的内在要求，绿色成为可持续发展的必要条件，开放成为国家繁荣发展的必由之路，共享成为发展的出发点和立足点。

第一节　长三角一体化演进与目标

（一）长三角一体化演进历程

长三角高质量一体化最初始于1982年成立的上海经济区，这是国内第一个跨省市的综合经济区，是以上海为中心建立的长三角经济圈，范围包括江苏的苏州、无锡、南通、常州和浙江的杭州、宁波、湖州、绍兴、嘉兴。

1984年，上海经济区的范围扩展为四省一市，即上海、江苏、浙江、安徽与江西，上海经济区已成为我国经济发展实力最强的地区。1986年，上海经济区再度扩容，福建省加入。上海经济区自成立以来，先后出台了《上海经济区发展战略纲要》和《上海经济区章程》等，同时确立了沿江沿海的"丁"字形发展战略框架。

1992年，"长江三角洲及长江沿江地区经济规划座谈会"召开。1996年，长江三角洲城市经济协调会成立，包括上海、杭州、宁波等15个地级市。随着2003年台州的加入，长三角城市群框架基本形成。2016年，《长江三角洲城市群发展规划》发布，纳入安徽合肥、芜湖、马鞍山、铜陵、安庆、池州、滁州、宣城等市，长三角的范围也从两省一市扩展到目前的三省一市，长三角城市群逐步得到完善。

2019年，长三角一体化示范区的提出，意味着长三角的区域治理模式开始发生由分割式和经济协作式治理模式转变为一体化协同式的治理模式，上海、浙江、江苏与安徽之间主动对接、深度互动的新阶段正式开启，长三角一体化的发展出现了质的转变。长三角一体化示范区的建设能够进一步扩大对内开放，而对内开放是深化对外开放的基础和前提，我国目前处于对内开放紧迫性要高于对外开放的关键时期。作为全国经济最发达地区之一，长三角地区通过示范区的建设可以带动长江流域，乃至全国范围内实施对内开放。

(二)高质量一体化发展目标

长三角高质量一体化发展目标主要体现在两方面：一是长三角整体实现平稳而高效增长，二是长三角实现创新驱动。

经济高质量发展体现为经济运行具有稳定性、发展具有持续性，而且风险较低。中国目前经济发展正处在转变时期，经济结构不断得到优化，增长动力得以持续转换。因此，从宏观视角来看，在保证经济增长速度的同时，还要处理好就业、国际收支间的关系；从微观视角来讲，不同产业之间、城镇与乡村之间、不同区域之间要相互均衡，最终实现经济稳定增长。经济发展高质量体现为高效益。高效益的内涵为企业投入产生效益、员工工作获得报酬，具体体现为人民对美好生活的需求获得满足的程度较大，经济的发展质量较高；劳动、土地、资源与环境利用的效率较高，即用较少的投入带动更多的产出，全要素生产率的水平较高。

长三角高质量一体化发展的关键在于实施创新驱动。目前，长三角一体化发展中的关键核心技术缺失问题仍然存在，因此我们需要珍惜当下机遇，把握科技创新制高点，为长三角高质量发展提供战略支撑。基于目前形势，特别需要坚持创新驱动，引导企业自主创新，完善技术创新体系，积极改善传统产业，培育壮大战略性新兴产业，促使产业朝数字化、网络化与智能化方向发展。

第二节　安徽推动长三角高质量发展的特征

高质量一体化是我国经济在由高速度增长转向高质量发展的背景下，国家对长三角地区提出的战略任务。长三角地区常住人口约2.2亿，约占全国人口的16%，沪苏浙皖三省一市生产总值占国内生产总值比例逐渐上升，具体见表1-1。

表 1-1　长三角地区经济总量比较

地区	2020 年经济总量(亿元)	2021 年经济总量(亿元)	增量(亿元)	同比增长
上海	38963.3	43214.85	4251.6	10.9%
江苏	102719.0	116364.2	13645.2	13.3%
浙江	64689.0	73516.0	8827.0	13.6%
安徽	38061.5	42959.2	4897.7	12.9%
全国	1013567.0	1143669.7	130102.7	12.8%

(一)多中心匀质化发展趋势明显

上海与长三角其他核心城市间的差距呈现逐步缩小趋势。从横向比较来看(见表 1-2),1990 年上海与杭州、南京、苏州、无锡、宁波、合肥的比值分别为 4.12∶1、4.79∶1、3.87∶1、4.87∶1、5.53∶1、13.43∶1,而到了 2021 年,比值缩小至 2.39∶1、2.64∶1、1.90∶1、3.09∶1、2.96∶1、3.79∶1。

表 1-2　1990—2021 年上海与长三角其他核心城市 GDP 比重变化趋势

年份	上海∶杭州	上海∶南京	上海∶苏州	上海∶无锡	上海∶宁波	上海∶合肥
1990	4.12∶1	4.79∶1	3.87∶1	4.87∶1	5.53∶1	13.43∶1
1991	3.92∶1	4.80∶1	3.80∶1	4.84∶1	5.26∶1	14.97∶1
1992	3.84∶1	4.51∶1	3.10∶1	3.66∶1	5.23∶1	15.62∶1
1993	3.58∶1	4.48∶1	2.89∶1	3.45∶1	4.82∶1	15.64∶1
1994	3.40∶1	4.22∶1	2.76∶1	3.29∶1	4.33∶1	14.79∶1
1995	3.30∶1	4.31∶1	2.79∶1	3.33∶1	4.18∶1	14.51∶1
1996	3.29∶1	4.37∶1	2.97∶1	3.46∶1	3.80∶1	13.40∶1
1997	3.34∶1	4.48∶1	3.06∶1	3.66∶1	3.94∶1	13.02∶1
1998	3.38∶1	4.51∶1	3.06∶1	3.69∶1	4.02∶1	13.00∶1
1999	3.45∶1	4.50∶1	3.11∶1	3.77∶1	4.15∶1	12.91∶1
2000	3.48∶1	4.48∶1	3.12∶1	4.09∶1	4.20∶1	13.04∶1
2001	3.35∶1	4.57∶1	2.99∶1	3.96∶1	4.01∶1	14.47∶1

（续表）

年份	上海：杭州	上海：南京	上海：苏州	上海：无锡	上海：宁波	上海：合肥
2002	3.25：1	4.47：1	2.79：1	3.78：1	3.86：1	14.04：1
2003	3.22：1	4.29：1	2.41：1	3.69：1	3.78：1	13.94：1
2004	3.21：1	4.28：1	2.37：1	3.59：1	3.78：1	13.85：1
2005	3.18：1	3.88：1	2.26：1	3.30：1	3.82：1	10.97：1
2006	3.11：1	3.86：1	2.19：1	3.20：1	3.73：1	9.98：1
2007	3.09：1	3.86：1	2.17：1	3.22：1	3.69：1	9.49：1
2008	2.98：1	3.78：1	2.02：1	3.15：1	3.60：1	8.58：1
2009	2.99：1	3.61：1	1.98：1	3.04：1	3.53：1	7.27：1
2010	2.92：1	3.40：1	1.89：1	3.02：1	3.38：1	6.45：1
2011	2.78：1	3.18：1	1.82：1	2.87：1	3.22：1	5.37：1
2012	2.62：1	2.85：1	1.71：1	2.76：1	3.12：1	4.94：1
2013	2.65：1	2.78：1	1.71：1	2.81：1	3.12：1	4.76：1
2014	2.61：1	2.73：1	1.75：1	2.88：1	3.16：1	4.67：1
2015	2.55：1	2.64：1	1.77：1	2.95：1	3.21：1	4.53：1
2016	2.49：1	2.68：1	1.82：1	3.00：1	3.24：1	4.49：1
2017	2.43：1	2.61：1	1.77：1	2.91：1	3.11：1	4.25：1
2018	2.52：1	2.77：1	1.97：1	3.21：1	3.35：1	4.18：1
2019	2.46：1	2.70：1	1.97：1	3.22：1	3.17：1	4.05：1
2020	2.40：1	2.61：1	1.92：1	3.14：1	3.12：1	3.85：1
2021	2.39：1	2.64：1	1.90：1	3.09：1	2.96：1	3.79：1

从纵向比较来看(见图 1－1)，2021 年上海、杭州、南京、苏州、无锡、宁波、合肥地区生产总值分别是 1990 年的 55 倍、96 倍、93 倍、112 倍、87 倍、103 倍和 196 倍。合肥作为长三角扩容后的新加入者，经济发展速度突飞猛进，展现出强劲活跃的增长态势。

整体来讲，经过 30 多年发展，长三角其他核心城市与上海的经济发展差距呈现逐步缩小趋势，长三角地区整体上呈现出多中心匀质化发展态势。

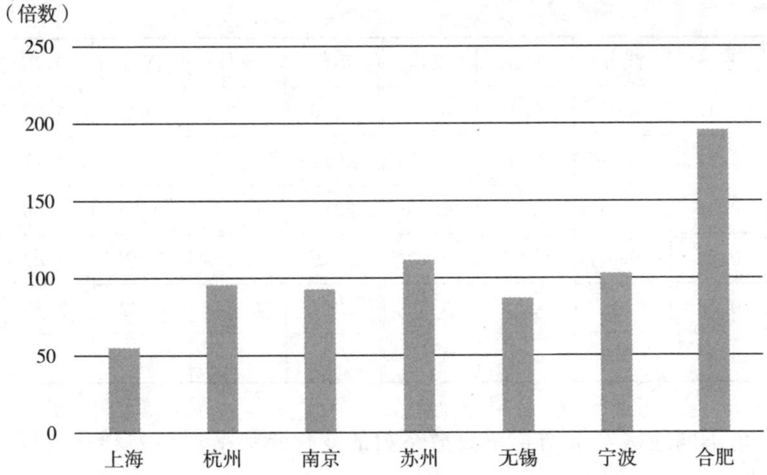

图 1-1　1990—2021 年长三角核心城市经济增长速度对比

(二)一体化趋同性发展趋势显著

长三角一体化趋同趋势可用离散系数进行衡量，它是样本统计量的标准差与平均值的比值，通常用公式 $V_s = \frac{\sigma}{\bar{X}}$ 来表示。离散系数不受单位限制，能够客观工确地反映主体在不同时期的趋同程度。离散系数越大，表明不同地区之间经济发展速度差异越大，一体化趋同性越差；反之，区域一体化趋同性较强。

根据离散系数公式，浙江、江苏和安徽地区经济增长率的离散系数见表 1-3。从长三角整个区域来讲，1991—2017 年离散系数呈现逐步下降趋势，这意味着长三角城市群发展趋同性特征愈发明显。

表 1-3　长三角不同地区经济增长率离散系数

年份	整体	江苏	浙江	安徽	年份	整体	江苏	浙江	安徽
1991	0.43	0.30	0.30	0.55	1999	0.45	0.17	0.29	0.86
1992	0.46	0.47	0.23	0.43	2000	0.41	0.28	0.17	0.75
1993	0.30	0.29	0.22	0.38	2001	0.25	0.23	0.1	0.34
1994	0.23	0.08	0.19	0.35	2002	0.27	0.24	0.17	0.32
1995	0.25	0.25	0.23	0.29	2003	0.33	0.37	0.11	0.43
1996	0.38	0.17	0.27	0.46	2004	0.21	0.13	0.08	0.31
1997	0.47	0.22	0.33	0.57	2005	0.43	0.21	0.14	0.67
1998	0.39	0.17	0.18	0.73	2006	0.27	0.14	0.09	0.42

（续表）

年份	整体	江苏	浙江	安徽	年份	整体	江苏	浙江	安徽
2007	0.13	0.08	0.1	0.13	2013	0.27	0.2	0.07	0.37
2008	0.22	0.14	0.18	0.23	2014	0.26	0.24	0.17	0.32
2009	0.46	0.26	0.26	0.38	2015	0.37	0.26	0.26	0.52
2010	0.21	0.1	0.07	0.22	2016	0.22	0.18	0.22	0.27
2011	0.26	0.08	0.11	0.29	2017	0.34	0.32	0.35	0.24
2012	0.26	0.18	0.2	0.23					

长三角不同地区经济增长率离散系数的变化趋势呈现出差异化特征（见图1-2）。浙江经济增长率离散系数整体保持较低数值，相比而言，浙江城市间经济增长保持较高的趋同性。江苏经济增长率离散系数要高于浙江，江苏城市间经济增长率的趋同性要弱于浙江。安徽经济增长率离散系数较高，相较于浙江与江苏，安徽经济增长率趋同性较差，但是安徽城市间趋同性呈现出上升趋势，这意味着安徽融入长三角之后趋同性正逐步增强。

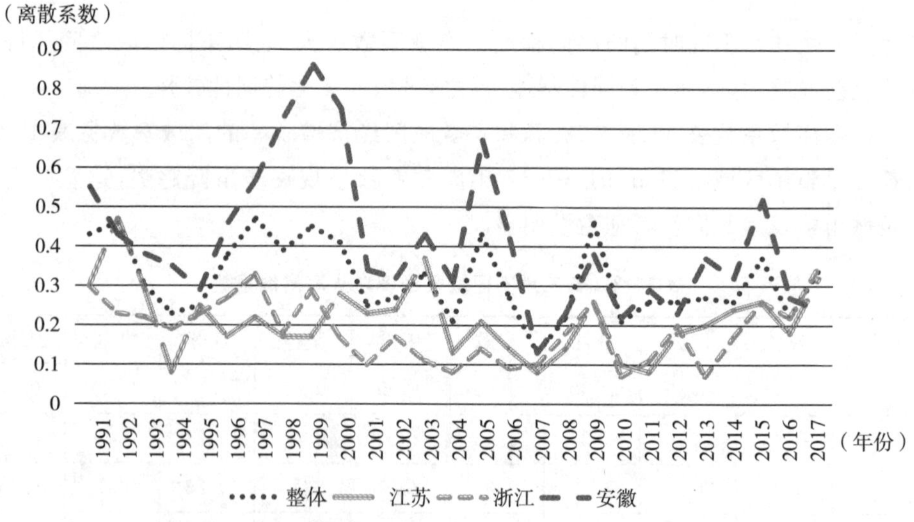

图1-2　1991—2017年长三角不同地区经济增长率离散系数变化趋势

（三）一体化发展质量逐步提升

一体化发展主要是通过要素流动来体现，而要素流动是通过三次产业在不同地区之间的转移予以展现的，这种产业内及产业间的分工与合作最终推动了三省一市在产业间的优化。

1978—1998 年期间，上海三次产业结构呈现出“二三一”的特征，自 1999 年开始，上海三次产业结构呈现出“三二一”的后工业化经济发展特征。1978 年上海第一产业、第二产业、第三产业比重分别为 4.03%、77.36%、18.61%，2021 年变化为 0.23%、26.49%、73.27%，第一产业与第二产业比重均出现了下降趋势，其中第二产业下降幅度最大，第三产业比重出现了上升趋势，具体见表 1-4。

表 1-4 上海三次产业结构变动情况

年份	第一产业	第二产业	第三产业	年份	第一产业	第二产业	第三产业
1978	4.03%	77.36%	18.61%	2000	1.59%	46.38%	52.03%
1979	3.98%	77.23%	18.79%	2001	1.48%	46.24%	52.27%
1980	3.24%	75.70%	21.06%	2002	1.37%	45.81%	52.82%
1981	3.26%	75.24%	21.51%	2003	1.20%	48.05%	50.75%
1982	3.95%	73.97%	22.08%	2004	1.02%	48.34%	50.64%
1983	3.84%	72.57%	23.58%	2005	0.96%	47.53%	51.51%
1984	4.42%	70.45%	25.13%	2006	0.88%	47.18%	51.95%
1985	4.18%	69.77%	26.05%	2007	0.81%	44.79%	54.40%
1986	4.01%	68.46%	27.53%	2008	0.79%	43.48%	55.73%
1987	3.96%	66.80%	29.24%	2009	0.76%	40.19%	59.06%
1988	4.22%	66.80%	28.98%	2010	0.68%	42.31%	57.02%
1989	4.25%	66.93%	28.82%	2011	0.67%	41.60%	57.73%
1990	4.38%	64.68%	30.94%	2012	0.65%	39.22%	60.13%
1991	3.81%	61.61%	34.58%	2013	0.59%	36.59%	62.82%
1992	3.07%	60.79%	36.14%	2014	0.55%	35.05%	64.41%
1993	2.49%	59.40%	38.11%	2015	0.49%	32.19%	67.32%
1994	2.39%	57.69%	39.92%	2016	0.41%	29.83%	69.77%
1995	2.38%	56.81%	40.82%	2017	0.36%	30.46%	69.18%
1996	2.31%	54.03%	43.67%	2018	0.29%	28.77%	70.94%
1997	2.08%	51.65%	46.27%	2019	0.28%	26.83%	72.88%
1998	1.93%	49.32%	48.75%	2020	0.27%	26.59%	73.15%
1999	1.76%	47.48%	50.76%	2021	0.23%	26.49%	73.27%

数据来源：《上海统计年鉴》整理所得。

江苏三次产业结构由1978年的"二一三"转变为1989年的"二三一",并于2015年开始转变为"三二一"。1978年江苏第一产业、第二产业、第三产业比重分别为27.57%、52.60%、19.84%,2021年变化为4.06%、44.49%、51.45%,第一产业与第二产业比重均出现了下降趋势,其中第一产业下降幅度最大,第三产业比重出现了上升趋势,具体见表1-5。

表1-5 江苏三次产业结构变动情况

年份	第一产业	第二产业	第三产业	年份	第一产业	第二产业	第三产业
1978	27.57%	52.60%	19.84%	2000	12.26%	51.86%	35.88%
1979	34.85%	47.28%	17.88%	2001	11.57%	51.89%	36.53%
1980	29.47%	52.35%	18.18%	2002	10.47%	52.84%	36.69%
1981	31.25%	50.86%	17.89%	2003	9.34%	54.55%	36.11%
1982	34.64%	47.55%	17.81%	2004	9.03%	56.40%	34.57%
1983	34.37%	48.17%	17.46%	2005	7.79%	56.79%	35.43%
1984	34.50%	48.26%	17.24%	2006	7.03%	56.72%	36.24%
1985	30.02%	52.09%	17.89%	2007	6.91%	55.89%	37.20%
1986	30.10%	50.52%	19.38%	2008	6.70%	55.20%	38.10%
1987	26.76%	53.53%	19.71%	2009	6.48%	54.25%	39.27%
1988	26.40%	48.54%	25.05%	2010	6.05%	52.90%	41.05%
1989	24.52%	49.71%	25.77%	2011	6.15%	51.79%	42.06%
1990	25.07%	48.89%	26.03%	2012	6.23%	50.69%	43.08%
1991	21.55%	49.58%	28.87%	2013	5.72%	49.23%	45.06%
1992	18.44%	52.40%	29.16%	2014	5.49%	47.98%	46.52%
1993	16.36%	53.30%	30.34%	2015	5.59%	46.33%	48.07%
1994	16.86%	53.90%	29.25%	2016	5.27%	44.73%	50.00%
1995	16.80%	52.67%	30.53%	2017	4.75%	45.00%	50.25%
1996	16.47%	51.20%	32.33%	2018	4.44%	45.20%	50.36%
1997	15.51%	51.07%	33.42%	2019	4.36%	44.10%	51.54%
1998	14.54%	50.56%	34.90%	2020	4.42%	43.06%	52.53%
1999	13.48%	50.93%	35.60%	2021	4.06%	44.49%	51.45%

数据来源:《江苏统计年鉴》整理所得。

浙江三次产业结构由1978年的“二一三”转变为1987年的“二三一”，并于2014年开始转变为“三二一”。浙江的第二产业始终占据较高比例，这跟浙江的工业和制造业发达是息息相关的。1978年浙江第一产业、第二产业、第三产业比重分别为38.06%、43.26%、18.68%，2021年变化为3.00%、42.42%、54.57%，第一产业与第二产业比重均出现了下降趋势，其中第一产业下降幅度最大，第三产业比重出现了上升趋势，具体见表1-6。

表1-6　浙江三次产业结构变动情况

年份	第一产业	第二产业	第三产业	年份	第一产业	第二产业	第三产业
1978	38.06%	43.26%	18.68%	2000	10.27%	53.31%	36.41%
1979	42.83%	40.61%	16.56%	2001	9.56%	51.79%	38.64%
1980	35.91%	46.73%	17.36%	2002	8.56%	51.11%	40.33%
1981	33.71%	46.22%	20.07%	2003	7.40%	52.51%	40.09%
1982	36.27%	42.07%	21.66%	2004	6.99%	53.66%	39.35%
1983	32.24%	44.00%	23.76%	2005	6.65%	53.40%	39.95%
1984	32.30%	43.77%	23.94%	2006	5.89%	54.15%	39.96%
1985	28.87%	46.35%	24.79%	2007	5.26%	54.15%	40.60%
1986	27.12%	45.95%	26.92%	2008	5.11%	53.90%	41.00%
1987	26.26%	46.37%	27.37%	2009	5.06%	51.57%	43.37%
1988	25.40%	46.01%	28.59%	2010	4.90%	51.13%	43.97%
1989	24.83%	45.47%	29.69%	2011	4.89%	50.46%	44.65%
1990	24.87%	45.12%	30.01%	2012	4.80%	48.94%	46.26%
1991	22.51%	45.36%	32.13%	2013	4.66%	47.80%	47.54%
1992	19.09%	47.50%	33.41%	2014	4.42%	47.73%	47.85%
1993	16.41%	51.09%	32.50%	2015	4.27%	45.96%	49.76%
1994	16.31%	51.99%	31.70%	2016	4.16%	44.86%	50.99%
1995	15.46%	52.13%	32.41%	2017	3.74%	42.95%	53.32%
1996	14.20%	53.29%	32.50%	2018	3.41%	43.63%	52.96%
1997	13.21%	54.51%	32.28%	2019	3.34%	42.10%	54.55%
1998	12.06%	54.76%	33.18%	2020	3.35%	40.75%	55.90%
1999	11.14%	54.64%	34.22%	2021	3.00%	42.42%	54.57%

数据来源：《浙江统计年鉴》整理所得。

安徽三次产业结构由1978年的“一二三”转变为1989年的“二一三”，并于2018年开始转变为“三二一”。第三产业一直处于上升趋势，产业结构的高级化趋势明显(见表1-7)。第一产业比重下降速度最快，从1978年的47.18%下降至2021年的7.82%，第二产业比重由1978年的35.55%上升为2021年的41.00%，第三产业比重由1978年的17.27%上升为2021年的51.18%。

表1-7 安徽三次产业结构变动情况

年份	第一产业	第二产业	第三产业	年份	第一产业	第二产业	第三产业
1978	47.18%	35.55%	17.27%	2000	25.56%	36.41%	38.03%
1979	48.04%	35.16%	16.80%	2001	23.43%	38.65%	37.92%
1980	45.91%	35.53%	18.55%	2002	22.26%	37.99%	39.75%
1981	51.87%	30.78%	17.35%	2003	19.10%	39.13%	41.76%
1982	48.11%	31.90%	19.99%	2004	19.97%	38.76%	41.26%
1983	44.77%	33.94%	21.30%	2005	18.06%	41.98%	39.96%
1984	43.75%	34.93%	21.32%	2006	16.49%	43.19%	40.32%
1985	42.56%	35.58%	21.87%	2007	16.30%	44.66%	39.04%
1986	40.73%	35.94%	23.33%	2008	15.98%	46.62%	37.40%
1987	39.87%	35.66%	24.47%	2009	14.86%	48.75%	36.39%
1988	38.49%	36.74%	24.77%	2010	13.99%	52.08%	33.93%
1989	36.57%	36.97%	26.45%	2011	13.17%	54.31%	32.52%
1990	37.41%	38.22%	24.37%	2012	12.66%	54.64%	32.70%
1991	28.70%	42.24%	29.06%	2013	11.79%	54.03%	34.18%
1992	28.77%	41.56%	29.66%	2014	11.47%	53.13%	35.39%
1993	26.55%	46.25%	27.19%	2015	11.16%	49.75%	39.09%
1994	22.62%	49.99%	27.38%	2016	10.65%	48.06%	41.30%
1995	32.26%	36.46%	31.28%	2017	9.56%	47.52%	42.92%
1996	31.93%	35.45%	32.62%	2018	7.76%	41.44%	50.80%
1997	31.37%	35.31%	33.32%	2019	7.91%	40.63%	51.46%
1998	29.26%	36.20%	34.54%	2020	8.23%	40.52%	51.25%
1999	27.53%	35.92%	36.55%	2021	7.82%	41.00%	51.18%

数据来源：《安徽统计年鉴》整理所得。

(四)安徽交通一体化建设取得新进展

高速铁路网主骨架基本形成。以合宁、合武、京沪、合蚌、合福、宁安、郑徐为代表的安徽高速铁路网逐步建成,总里程达到1403公里。目前形成了以合肥为中心,“一纵四横四联”的高速铁路网络。

普通铁路网提质加密。安徽普通铁路网络逐步得到完善,总里程达到2820公里。合肥、阜阳客站已完成扩建,京沪、京九等铁路线完成电气化改造,复线率达到66.8%,电气化率达到54.5%,铁路网络运输能力得到大幅度提升。

城际铁路发展基础具备。皖江地区城际铁路网规划通过国家审批,合肥—新桥机场—六安、巢湖—马鞍山、滁州—南京、南陵—繁昌—芜湖—江北集中区等4个建设项目已全面启动。皖北地区城际铁路网规划编制完成,研究提出淮北—宿州—蚌埠等一批重点项目,与皖江城际网衔接,共同形成安徽城际铁路网体系。

城市轨道交通建设全面起步。合肥城市轨道交通率先取得突破,1号线和2号线正式开通运营,3号线加快建设。芜湖市轨道交通建设规划得到国家批复,1号线和2号线正式动工建设。淮南、马鞍山两市编制完成近期建设规划,安庆、蚌埠、阜阳等市的轨道交通建设规划正在积极推进,全省已形成加快城市轨道交通发展的良好态势。

运输能力持续提升。合肥到南京高铁运行时间缩短至1小时,至上海、杭州、南昌、武汉缩短至2～3小时,至北京和福州缩短至4小时,合肥南站每日开129.5对高铁、动车。不断提高货运能力,重点保障物资运输,货运服务趋于多元化,陆续开设“合新欧”国际货运班列、合肥—宁波铁海联运班列、合肥—上海城际特需班列。

体制机制逐步完善。建立完善的全省铁路建设协调推进机制,省、市、县协调联动,有力保障项目征地拆迁和工程建设顺利进行。完善省市共建机制,明确创新投融资方式、多渠道筹措建设资金的各项支持保障政策。在全国率先设立铁路建设投资基金,放大财政性资金的杠杆作用,打造铁路建设融资主渠道。

到2021年,长三角地区高速铁路总里程达6300公里,建成内联外畅、方便高效、设备先进的现代铁路交通体系。到2021年,安徽以合肥为中心,通达全国主要城市的高铁网络基本建成;普通铁路网络得到逐步完善,电气化率达到90%以上,大大提升了货物运输能力;城市之间的快速铁路逐渐得到联通,合肥、芜湖的城市轨道交通骨干线路建成。

(五)长三角城市群协同实现了整体推进

构建合理有序的空间格局。构建空间开发管制制度与环境分区控制制度,减少建设用地蔓延,减轻开发强度,保障生态保护区域面积达15%以上,建成与资源环境承载能力匹配的总体格局。既要提升长三角城市群核心——上海的全球城市功能，又要提升长三角城市群三个副中心——杭州、南京、合肥等次区域中心的城市功能，推进长三角空间结构由中心一外围的垂直式空间等级结构，向多中心一网络化的水平式空间结构的战略升级。

高附加值现代产业和协同创新体系全面形成。打破省市县之间的行政区划障碍，完善一体化的交通网、信息网，构建要素流动畅通、市场网络完善的长三角一体化市场。发挥三省一市的相对比较优势和竞争优势，在资源禀赋差异和技术进步的基础上，突出产业发展的差异化与特色化，支持更高水平的区域分工与合作，推进更高水平的产业协同发展，实现经济发展的高质量。

积极改善生态环境质量，有效治理区域环境问题，积极保护江河湖海、丘陵山地等，构建多层次的区域生态网络体系。

在区域定位上，安徽在长三角一体化中完成了从“被动地融入”走向“主动地推进”的转变，推动长三角地区真正起到新时代我国全面开放的引领带动作用。基于安徽促进长三角高质量一体化发展理论基础，以下各章将从科技、人力、产业、金融、生态等五个视角分析安徽推动长三角高质量一体化发展的动能。

第二章　科技资本赋能长三角高质量一体化发展

党的十九大报告指出，只有通过实施创新驱动战略，才能提升我国的综合国力，它是发展社会生产力的战略支撑。长江三角洲作为区域发展战略的重要组成部分，形成了科技创新自身高质量发展的内生诉求。

第一节　安徽科技资本发展特征

2021 年安徽科技机构数达 7267 个，研发人员达 35.02 万人，研发经费支出为 1006.12 亿元，相比 2020 年，分别增长了 7.36%、25.61%、13.92%。2021 年安徽工业企业专利申请数为 75058 件，发明专利数为 30230 件，相比 2020 年，分别增长了 12.57%、11.62%。

(一)知识创新发展存在潜力

1. 高等学校 R&D 人员投入状况

选取长三角高等院校，安徽、上海、江苏、浙江高等院校 R&D 人员投入整体呈现增长态势，见表 2－1。安徽 2010 年高等院校 R&D 人员投入量为 19567 人，2018 年突破 30000 人，达到 30782 人，增长了 57.32%。上海 2010 年高等院校 R&D 人员投入量为 38175 人，2018 年达到 52904 人，增长率达到 38.58%。江苏 2010 年高等院校 R&D 人员投入量为 35792 人，2018 年上升为 69264 人，增长率为 93.52%。浙江 2010 年高等院校 R&D 人员投入量为 31158 人，2018 年为 57752 人，增长率为 85.35%。R&D 人员投入量增长速度最快的是江苏，其次是浙江。安徽与上海高等院校 R&D 人员投入相比江苏和浙江，差距在拉大，而且增长率要低于江苏与浙江。

表 2-1 2010—2018 年长三角高等院校 R&D 人员投入量 单位:人

年份	安徽	上海	江苏	浙江
2010 年	19567	38175	35792	31158
2011 年	21244	37514	43258	32210
2012 年	23829	38348	48634	33481
2013 年	24737	39866	52344	35993
2014 年	25609	40381	56691	38290
2015 年	27710	43574	59954	44919
2016 年	26459	43977	63249	49421
2017 年	27186	46207	67309	54350
2018 年	30782	52904	69264	57752

数据来源:《中国科技统计年鉴》。

2. 研发机构 R&D 人员投入状况

选取长三角研究与开发机构,安徽、上海、江苏、浙江 R&D 人员投入呈现逐步上升态势,见表 2-2。安徽 2010 年研发机构 R&D 人员投入量为 5961 人,2018 年为 12078 人,相比 2010 年,增长率达到 102.62%。上海 2010 年研发机构 R&D 人员投入量为 26550 人,2018 年增加到 32522 人,增长了 2.49%。江苏 2010 年研发机构 R&D 人员投入量为 20085 人,2018 年达到 28774 人,增长了 43.26%。浙江 2010 年研发机构 R&D 人员投入量为 5251 人,2018 年增长至 10423 人,增长了 98.50%。研发机构 R&D 人员增长速度最快的是安徽,其次是浙江,上海增长速度最慢。2018 年安徽研发机构 R&D 人员投入量超过浙江,发展潜力较为突出。

表 2-2 2010—2018 年长三角研发机构 R&D 人员投入量 单位:人

年份	安徽	上海	江苏	浙江
2010 年	5961	26550	20085	5251
2011 年	7661	28082	21495	5907
2012 年	9054	30076	21022	6467
2013 年	10406	30844	23447	6295
2014 年	10986	32972	25957	7680
2015 年	11463	33943	25283	8618

（续表）

年份	安徽	上海	江苏	浙江
2016 年	12254	33804	26019	9019
2017 年	12187	32821	28364	9572
2018 年	12078	32522	28774	10423

数据来源:《中国科技统计年鉴》。

3. 核心城市创新能力比较

2017 年,北京、深圳、东京、纽约、上海、伦敦、芝加哥、巴黎等世界级城市群核心城市创新能力情况见表 2-3。选取高质量专利指标,北京高质量专利数 272 件,排名第 1,其次是深圳、东京、纽约、上海、伦敦、芝加哥、巴黎,长三角核心城市上海高质量专利 46 件,排名第 5。选取高质量论文指标,北京高质量论文 3220 篇,排名第 1,其次是纽约、伦敦、巴黎、上海、芝加哥、东京、深圳,上海高质量论文 1500 篇,排名第 5。选取领先研发机构指标,东京领先研发机构数 86 个,排名第 1,其次是深圳、北京、巴黎、纽约、伦敦、上海、芝加哥,上海领先研发机构 4 个,排名第 7。选取顶尖科学家指标,北京顶尖科学家 87 个,排名第 1,其次是纽约、伦敦、巴黎、芝加哥、东京、上海、深圳,上海顶尖科学家 11 个,排名第 7。选取产学研数量指标,东京产学研数量 677 个,排名第 1,其次是巴黎、北京、深圳、上海、纽约、伦敦、芝加哥,上海产学研数量 60 个,排名第 5。

表 2-3　2017 年城市群核心城市创新能力比较

城市	高质量专利	排名	城市	高质量论文	排名	城市	领先研发机构	排名
北京	272	1	北京	3220	1	东京	86	1
深圳	205	2	纽约	2688	2	深圳	18	2
东京	155	3	伦敦	2618	3	北京	15	3
纽约	67	4	巴黎	1554	4	巴黎	13	4
上海	46	5	上海	1500	5	纽约	8	5
伦敦	32	6	芝加哥	1325	6	伦敦	7	6
芝加哥	29	7	东京	791	7	上海	4	7
巴黎	20	8	深圳	397	8	芝加哥	1	8
城市	领先学术机构	排名	城市	顶尖科学家	排名	城市	产学研数量	排名
北京	19	1	北京	87	1	东京	677	1
巴黎	10	2	纽约	80	2	巴黎	175	2
纽约	7	3	伦敦	72	3	北京	167	3

（续表）

城市	领先学术机构	排名	城市	顶尖科学家	排名	城市	产学研数量	排名
上海	6	4	巴黎	44	4	深圳	104	4
伦敦	5	5	芝加哥	25	5	上海	60	5
芝加哥	4	6	东京	16	6	纽约	38	6
东京	3	7	上海	11	7	伦敦	28	7
深圳	1	8	深圳	3	8	芝加哥	13	8

数据来源:《2018 国际大都市科技创新能力评价》。

从纵向发展来看，长三角的知识投入力度不断增强，例如江苏 R&D 人员投入增长最大，知识创新一体化上升潜力较大；但是对比世界级城市群，长三角的知识产出状况处于中等地位。为打造世界级城市群，长三角区域需要重视人才的力量，亟须完善人才引进机制。

（二）技术创新活力较为突出

1. R&D 经费投入状况

选取国内城市群核心城市，2018 年研发经费投入量最大的城市是北京，研发经费占据 GDP 比重也是最高的，分别为 1870.80 亿元和 6.17%；研发经费投入量排名第二的城市是上海，达 1307.19 亿元，研发经费占据 GDP 比重为 4.00%；研发经费投入量排名第三的城市是深圳，达 1163.54 亿元，研发经费占据 GDP 比重为 4.80%。在长三角其他城市中，苏州研发经费投入较高，达到 517.00 亿元，占 GDP 比重为 2.78%；杭州、南京研发经费投入量分别为 445.80 亿元、393.59 亿元，占据 GDP 的比重分别达 3.30%、3.07%；合肥的研发经费投入达 105.60 亿元，研发经费占 GDP 比重为 1.35%，见表 2-4。

表 2-4　2018 年城市群核心城市及长三角重要城市研发经费比较

城市	研发经费(亿元)	GDP(亿元)	研发经费占 GDP 比重
上海	1307.19	32679.87	4.00%
南京	393.59	12820.40	3.07%
杭州	445.80	13509.00	3.30%
苏州	517.00	18600.00	2.78%
合肥	105.60	7822.90	1.35%
北京	1870.80	30320.00	6.17%

（续表）

城市	研发经费（亿元）	GDP（亿元）	研发经费占 GDP 比重
天津	464.60	18809.64	2.47%
广州	640.06	22859.35	2.80%
深圳	1163.54	24220.00	4.80%

数据来源：城市国民经济和社会发展统计公报。

2. 技术成果产出状况

本书借助专利授权量、专利申请量、每万人专利授权量与每万人专利申请量 4 个指标衡量技术成果产出状况，见表 2-5。2018 年，专利授权量从高到低排序依次为：深圳、北京、上海、广州、苏州、杭州、天津、南京、合肥；专利申请量从高到低排序依次为：深圳、北京、广州、上海、苏州、南京、天津、杭州、合肥；每万人专利授权量从高到低排序依次为：深圳、苏州、南京、广州、北京、杭州、上海、合肥、天津；每万人专利申请量从高到低排序依次为：深圳、南京、苏州、广州、杭州、北京、合肥、天津、上海。

表 2-5 2018 年城市群核心城市及长三角重要城市技术成果产出状况

城市	专利授权量（件）	专利申请量（件）	人口（万人）	每万人专利授权量（件）	每万人专利申请量（件）
上海	92460	150233	2423.78	38.14702655	61.98293574
南京	44089	99070	696.9405	63.26078051	142.1498679
杭州	55379	98394	980.6	56.47460738	100.3406078
苏州	75837	135862	1072.17	70.73225328	126.7168453
合肥	28438	65814	808.7	35.16507976	81.38246569
北京	123496	211212	2154.2	57.3280104	98.04660663
天津	54700	99000	1559.6	35.07309567	63.47781482
广州	89826	173124	1490.44	60.26810875	116.1563028
深圳	140202	228608	1302.66	107.6274699	175.4932216

3. 技术成果转化状况

借助 Pearson 相关系数 $r=\dfrac{n\sum xy-\sum x\sum y}{\sqrt{n\sum x^2-\left(\sum x\right)^2}\cdot\sqrt{n\sum y^2-\left(\sum y\right)^2}}$ 衡量技术成果转化状况，见表 2-6。从生产总值与专利授权量相关系数来看，从高到低

依次是深圳、上海、北京。这意味着，长三角城市群成果转化力度介于珠三角与京津冀城市群之间。

表 2-6 城市群核心城市生产总值与专利授权量相关矩阵

		上海生产总值	上海专利授权量
Pearson 相关性	上海生产总值	1.000	0.982
	上海专利授权量	0.982	1.000
		北京生产总值	北京专利授权量
Pearson 相关性	北京生产总值	1.000	0.970
	北京专利授权量	0.970	1.000
		深圳生产总值	深圳专利授权量
Pearson 相关性	深圳生产总值	1.000	0.991
	深圳专利授权量	0.991	1.000

(三)产业创新成果较为显著

1. 高新技术产业的发展态势

选取长三角高新技术企业数量指标，整体来讲，江苏高新技术企业数量最高，从 2010 年至 2018 年江苏高新技术企业数量变化不大，维持在 4800 个左右；其次是浙江省，2010 年高新技术企业数量最多，为 3339 个，但到 2018 年下降为 2785 个；上海高新技术企业数量从 2010 年的 1423 个，下降至 2018 年的 1027 个；而安徽高新技术企业数量增长速度最快，从 2010 年的 745 个增加至 2018 年的 1456 个，增长率为 95.44%，见表 2-7。

表 2-7 2010—2018 年长三角高新技术企业数量 单位：个

年份	安徽	上海	江苏	浙江
2010 年	745	1423	4868	3339
2011 年	574	962	4061	1923
2012 年	744	1030	4598	2143
2013 年	841	1024	4865	2391
2014 年	1036	1003	4852	2437
2015 年	1198	1020	4903	2603
2016 年	1398	991	5007	2595
2017 年	1654	1083	5738	2754
2018 年	1456	1027	4870	2785

数据来源：《中国高技术产业统计年鉴》。

选取长三角高新技术产业利润总额指标，江苏高新技术产业利润总额最高，2010 年为 942.10 亿元，2018 年增长至 1784.00 亿元，增长率为 89.36%。浙江 2010 年高新技术产业利润总额为 296.30 亿元，2018 年增长为 754.00 亿元，增长率为 154.32%。上海的高新技术产业利润总额从 2010 年的 251.20 亿元，提升至 2018 年的 368 亿元，增长率为 46.50%。高新技术产业利润总额增长速度最快的是安徽，从 2010 年的 69.60 亿元增长至 2018 年的 255 亿元，增长率为 266.38%，见表 2-8。由此可知，安徽高新技术产业利润总额增长速度最快，正逐步缩小与其他省市间的差距。

表 2-8　2010—2018 年长三角高新技术产业利润总额　　单位：亿元

年份	安徽	上海	江苏	浙江
2010 年	69.60	251.20	942.10	296.30
2011 年	85.88	221.97	1065.13	350.24
2012 年	143.40	215.50	1282.00	370.90
2013 年	157.78	235.72	1521.53	419.17
2014 年	191.34	302.30	1671.16	474.99
2015 年	221.90	285.00	1813.50	518.70
2016 年	238.70	334.60	2059.90	616.60
2017 年	323.60	357.60	2014.50	708.70
2018 年	255.00	368.00	1784.00	754.00

数据来源：《中国高技术产业统计年鉴》。

2. 高新技术开发区的发展态势

选取长三角地区国家级高新技术产业开发区总产值指标，上海张江高新技术产业开发区总产值达 11514.88 亿元，排名第 1；南京高新技术产业开发区总产值达 4938.20 亿元，排名第 2；苏州工业园区总产值达 4072.20 亿元，排名第 3；无锡国家高新技术产业开发区总产值达 3687.17 亿元，排名第 4；合肥高新技术产业开发区总产值达 3642.03 亿元，排名第 5；杭州、苏州、宁波、常州高新技术产业开发区总产值分别为 3594.53 亿元、3175.21 亿元、2684.92 亿元、2407.11 亿元，排名第 6、第 7、第 8、第 9；昆山、江阴、南通、萧山临江高新技术产业开发区总产值分别为 1525.46 亿元、1501.56 亿元、1411.54 亿元、1247.63 亿元，排名第 10、第 11、第 12、第 13；芜湖、蚌埠、武进国家高新技术产业开发区总产值分别为 1222.98 亿元、1180.95 亿元、1155.59 亿元，分别排名第 14、第 15、第 16；泰州医药高新技术产业开发区总产值达 1139.29 亿元，排名第 17。

常熟高新技术产业开发区总产值达 1006.87 亿元，排名第 18。排名第 19 的是衢州高新技术开发区，总产值达 949.07 亿元。马鞍山慈湖高新技术产业开发区总产值达 861.24 亿元，排名第 20。徐州高新技术产业开发区总产值达 791.07 亿元，排名第 21。温州高新技术产业开发区总产值达 700.51 亿元，排名第 22。绍兴国家高新技术产业开发区、连云港高新技术产业开发区与嘉兴秀洲高新技术产业开发区总产值分别为 676.00 亿元、660.29 亿元与 577.37 亿元，排名分别为第 23、第 24 与第 25。镇江高新技术产业开发区总产值达 517.61 亿元，排名第 26。莫干山高新技术产业开发区总产值达 491.42 亿元，排名第 27。扬州、盐城、宿迁、淮安高新技术产业开发区总产值分别为 415.60 亿元、370.63 亿元、325.47 亿元、222.84 亿元，排名第 28、第 29、第 30、第 31。上海紫竹高新技术产业开发区总产值达 188.48 亿元，排名第 32。铜陵狮子山高新技术产业开发区与淮南高新技术产业开发区总产值分别为 88.04 亿元、36.01 亿元，排名第 33、第 34。如图 2-1 所示。

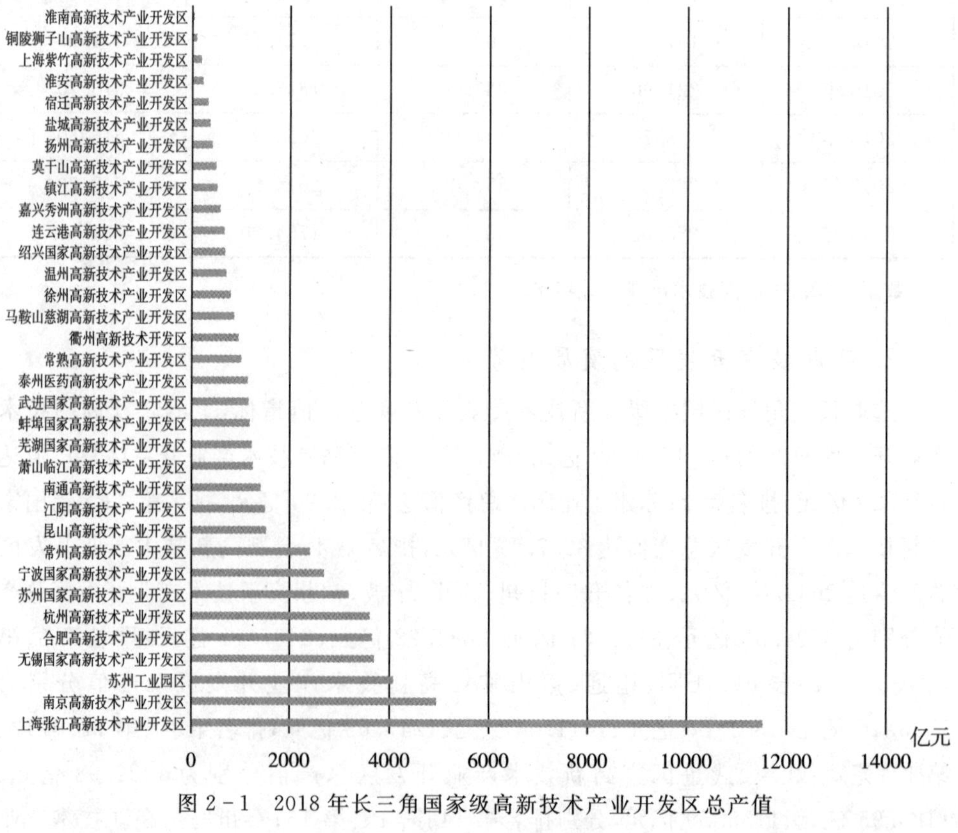

图 2-1　2018 年长三角国家级高新技术产业开发区总产值

第二节　安徽科技资本评价体系构建

科技创新是促进经济发展的重要力量，在推动长三角高质量一体化发展过程中，安徽科技资本投入是非常重要的一环。本节基于科技资本评价指标体系，确定科技资本评价方法，实证分析安徽科技资本赋能长三角高质量一体化发展状况。

(一)科技资本评价体系构建

安徽科技资本竞争力评价指标体系是从知识、技术、产业三个视角来衡量，具体见表2-9。知识创新能力由知识投入、知识成果构成，具体由R&D人员数量、R&D人员折合全时当量、发表科技论文数量、国家行业标准数等指标衡量；技术投入与技术产出共同衡量技术创新能力，具体细化指标有科学技术财政支出、R&D经费投入、专利申请量、有效发明专利量、拥有注册商标数等；产业创新能力由产业投入、产业盈利构成，具体由R&D企业数量、新产品销售收入、省级以上开发区经营收入、省级以上开发区进出口总额等指标衡量。

表2-9　安徽科技资本竞争力评价指标体系

一级指标	二级指标	三级指标
知识创新能力	知识投入(F_1)	R&D人员数量(F_{11})
		R&D人员折合全时当量(F_{12})
	知识成果(F_2)	发表科技论文数量(F_{21})
		国家行业标准数(F_{22})
技术创新能力	技术投入(F_3)	科学技术财政支出(F_{31})
		R&D经费投入(F_{32})
	技术产出(F_4)	专利申请量(F_{41})
		有效发明专利量(F_{42})
		拥有注册商标数(F_{43})
产业创新能力	产业投入(F_5)	R&D企业数量(F_{51})
	产业盈利(F_6)	新产品销售收入(F_{61})
		省级以上开发区经营收入(F_{62})
		省级以上开发区进出口总额(F_{63})

(二)科技资本评价方法确定

在对安徽科技资本赋能进行评价时,通常会选择比较多的解释变量,但这些解释变量提供的信息会重复,可能会存在多重共线性,这样得到的解释结果并不能反映真实情况。为避免这种情况发生,需要对解释变量进行降维处理,即将解释变量分解为少数几个互不相关的部分,这样能够更准确地反映事物的本质。

本节采用主成分分析法,即 PCA 法(Principal Components Analysis)对安徽科技资本赋能展开评价。PCA 是由 Hotelling 提出的,利用投影降低科技资本原始数据维度,即在尽量保留原始信息的基础上将多个指标调整为少数几个有代表性的综合指标,借助转化后的指标反映安徽科技资本竞争力。

为消除原变量因量纲不同、方差过大带来的影响,需要对原变量作标准化处理,即 $x_{ij}^{*} = (x_{ij} - \bar{x}_j)/s_j$,其中 x_{ij}、$\bar{x}_j$、s_j 分别为搜集到的数据、x_j 的均值和标准差。

根据标准化矩阵 X 构建协方差矩阵 R,R 的大小决定了是否要进行主成分分析,即:$R = X^{*T}X^{*}/(N-1)$。

接着计算方差贡献率,即:$\eta_i = \lambda_i / \sum_{i}^{p} \lambda_i (i = 1, 2, \cdots, p)$。

然后计算累计方差贡献率,即:$\sum_{i=1}^{m} \lambda_i / \sum_{i=1}^{p} \lambda_i (i = 1, 2, \cdots, m, \cdots, p)$。

根据综合评分函数 F_m,即:$F_m = W_1 Z_1 + W_2 Z_2 + \cdots + W_i Z_i$。

最后计算综合评分 G,并对其进行降序排列,为:$G = W_1 Z_1 + W_2 Z_2 + \cdots + W_i Z_i$。

(三)2020 年科技资本竞争力分析

对安徽 R&D 人员、R&D 人员折合全时当量、发表科技论文、形成国家行业标准数、科学技术财政支出、R&D 经费投入、专利申请数、有效发明专利数、拥有注册商标数、R&D 企业数、新产品销售收入、省级以上开发区经营收入、省级以上开发区进出口总额等 13 个三级指标数据,从极大值、极小值、均值、标准差、峰度、偏度等方面进行描述性分析,见表 2 - 10。

表 2 - 10　2020 年安徽科技资本数据描述性统计量

指标	极大值	极小值	均值	标准差	峰度	偏度
R&D 人员(人)	96712	3896	17426.38	22738.46	11.14	3.21
R&D 人员折合全时当量(人年)	70861	2231	12167.94	16727.42	11.49	3.26
发表科技论文(篇)	1276	17	263.13	314.26	7.32	2.54

（续表）

指标	极大值	极小值	均值	标准差	峰度	偏度
形成国家行业标准数(项)	611	21	113.31	148.34	9.07	2.84
科学技术财政支出(万元)	1633287	25377	213730.6	397790.4	12.52	3.46
R&D 经费投入(万元)	3534780	106062	551989.6	848632.1	11.58	3.29
专利申请数(件)	18982	1258	4167.31	4457.57	8.68	2.78
有效发明专利数(件)	24647	782	4404.19	6154.28	8.37	2.82
拥有注册商标数(件)	10417	372	1848.88	2510.55	10.04	3.08
R&D 企业数(个)	2148	493	1152.5	549.32	−1.29	0.36
新产品销售收入(万元)	36064735	1043152	7533989	8917094	7.12	2.56
省级以上开发区经营收入(万元)	156377366	7684155	33094606	36248451.9	9.79	2.96
省级以上开发区进出口总额(万美元)	3082775	52128	385849.4	745350.4	13.40	3.57

数据来源:《城市统计年鉴》整理所得。

由表 2 - 10,可对 2020 年安徽 16 市的 13 个三级指标数据描述性分析如下:R&D 人员极大值为 96712 人,极小值为 3896 人,数据呈现高度右偏分布,且呈现尖峰分布;R&D 人员折合全时当量极大值为 70861 人年,极小值为 2231 人年,数据呈现高度右偏分布,且呈现尖峰分布;发表科技论文极大值为 1276 篇,极小值为 17 篇,数据呈现高度右偏分布,且呈现尖峰分布;形成国家行业标准数极大值为 611 项,极小值为 21 项,数据呈现高度右偏分布,且呈现尖峰分布;科学技术财政支出极大值为 1633287 万元,极小值为 25377 万元,数据呈现高度右偏分布,且呈现尖峰分布;R&D 经费投入极大值为 3534780 万元,极小值为 106062 万元,数据呈现高度右偏分布,且呈现尖峰分布;专利申请数极大值为 18982 件,极小值为 1258 件,数据呈现高度右偏分布,且呈现尖峰分布;有效发明专利数极大值为 24647 件,极小值为 782 件,数据呈现高度右偏分布,且呈现尖峰分布;拥有注册商标数极大值为 10417 件,极小值为 372 件,数据呈现高度右偏分布,且呈现尖峰分布;R&D 企业数极大值为 2148 个,极小值为 493 个,数据呈现轻微右偏分布,接近对称分布,且呈现扁平分布;新产品销售收入极大值为 36064735 万元,极小值为 1043152 万元,数据呈现高度右偏分布,且呈现尖峰分布;省级以上开发区经营收入极大值为 156377366 万元,极小值为 7684155 万元,数据呈现高度右偏分布,且呈现尖峰分布;省级以上开发区进出口总额极大值为 3082775 万美元,极小值为

52128 万美元，数据呈现高度右偏分布，且呈现尖峰分布。

借助 SPSS 软件对三级指标中的 13 个变量进行相关性分析，相关系数矩阵见表 2－11。这 13 个变量间的相关系数均值在 0.90 以上，最大值为 R&D 人员与 R&D 人员折合全时当量之间的相关系数，其值为 0.999；最小值为发表科技论文与 R&D 企业数之间的相关系数，其值为 0.440。安徽科技资本 13 个指标之间的相关系数均大于 0.300，意味着三级指标变量间存在着较强的相关关系，需要运用主成分进行降维处理。

表 2－11　2020 年安徽科技资本相关系数矩阵

指标	R&D人员	R&D人员折合全时当量	发表科技论文	形成国家行业标准数	科学技术财政支出	R&D经费投入	专利申请数	有效发明专利数	拥有注册商标数	R&D企业数	新产品销售收入	省级以上开发区经营收入	省级以上开发区进出口总额
R&D人员	1.000	0.999	0.903	0.938	0.992	0.996	0.977	0.985	0.973	0.649	0.968	0.980	0.973
R&D人员折合全时当量	0.999	1.000	0.891	0.940	0.993	0.996	0.978	0.982	0.971	0.657	0.965	0.980	0.972
发表科技论文	0.903	0.891	1.000	0.832	0.877	0.896	0.848	0.864	0.874	0.440	0.842	0.854	0.891
形成国家行业标准数	0.938	0.940	0.832	1.000	0.939	0.939	0.944	0.928	0.905	0.673	0.900	0.925	0.924
科学技术财政支出	0.992	0.993	0.877	0.939	1.000	0.991	0.967	0.976	0.978	0.612	0.953	0.975	0.982
R&D经费投入	0.996	0.996	0.896	0.939	0.991	1.000	0.977	0.983	0.968	0.631	0.964	0.979	0.981
专利申请数	0.977	0.978	0.848	0.944	0.967	0.977	1.000	0.989	0.964	0.764	0.975	0.987	0.944
有效发明专利数	0.985	0.982	0.864	0.928	0.976	0.983	0.989	1.000	0.974	0.703	0.974	0.979	0.951
拥有注册商标数	0.973	0.971	0.874	0.905	0.978	0.968	0.964	0.974	1.000	0.631	0.939	0.972	0.951
R&D企业数	0.649	0.657	0.440	0.673	0.612	0.631	0.764	0.703	0.631	1.000	0.728	0.718	0.549

（续表）

指标	R&D人员	R&D人员折合全时当量	发表科技论文	形成国家行业标准数	科学技术财政支出	R&D经费投入	专利申请数	有效发明专利数	拥有注册商标数	R&D企业数	新产品销售收入	省级以上开发区经营收入	省级以上开发区进出口总额
新产品销售收入	0.968	0.965	0.842	0.900	0.953	0.964	0.975	0.974	0.939	0.728	1.000	0.980	0.940
省级以上开发区经营收入	0.980	0.980	0.854	0.925	0.975	0.979	0.987	0.979	0.972	0.718	0.980	1.000	0.961
省级以上开发区进出口总额	0.973	0.972	0.891	0.924	0.982	0.981	0.944	0.951	0.951	0.549	0.940	0.961	1.000

运用SPSS软件对安徽科技资本竞争力进行主成分分析时，对13个科技资本变量进行公因了方差分析，这表明从原始变量中提取信息量的程度，见表2-12。除去R&D企业数外，安徽科技资本12个指标变量提取的公因子方差均高于0.7，这表明提取公因子能够代表原始变量信息。

表2-12　2020年安徽科技资本公因子方差

	初始	提取
R&D人员	1.000	0.990
R&D人员折合全时当量	1.000	0.989
发表科技论文	1.000	0.793
形成国家行业标准数	1.000	0.902
科学技术财政支出	1.000	0.976
R&D经费投入	1.000	0.986
专利申请数	1.000	0.983
有效发明专利数	1.000	0.981
拥有注册商标数	1.000	0.954

（续表）

	初始	提取
R&D 企业数	1.000	0.483
新产品销售收入	1.000	0.954
省级以上开发区经营收入	1.000	0.981
省级以上开发区进出口总额	1.000	0.944

接着分析安徽 2020 年科技资本解释的总方差，见表 2－13。第一成分的初始特征值为 11.917，远远高于 1；从第二成分开始，它的初始特征值要小于 1。在此选择 1 个公共因子便能够得到 91.672％的累计贡献率，能够解释将近 92％的总方差。

表 2－13　2020 年安徽科技资本解释的总方差

成分	初始特征值			提取平方和载入		
	合计	方差的％	累积％	合计	方差的％	累积％
1	11.917	91.672	91.672	11.917	91.672	91.672
2	0.671	5.158	96.830			
3	0.148	1.139	97.970			
4	0.120	0.920	98.890			
5	0.057	0.442	99.332			
6	0.030	0.232	99.564			
7	0.027	0.208	99.772			
8	0.015	0.115	99.887			
9	0.009	0.067	99.954			
10	0.003	0.024	99.978			
11	0.002	0.015	99.993			
12	0.001	0.006	100.000			
13	2.554E－5	0.000	100.000			

提取方法：主成分分析。

选取安徽科技资本主成分也可以借助碎石图，如图 2－2 所示。第 1 点是由陡峭转向平稳的明显转折点，借助安徽科技资本解释的总方差与碎石图可知，选取前 1 个主成分进行分析是合理的。

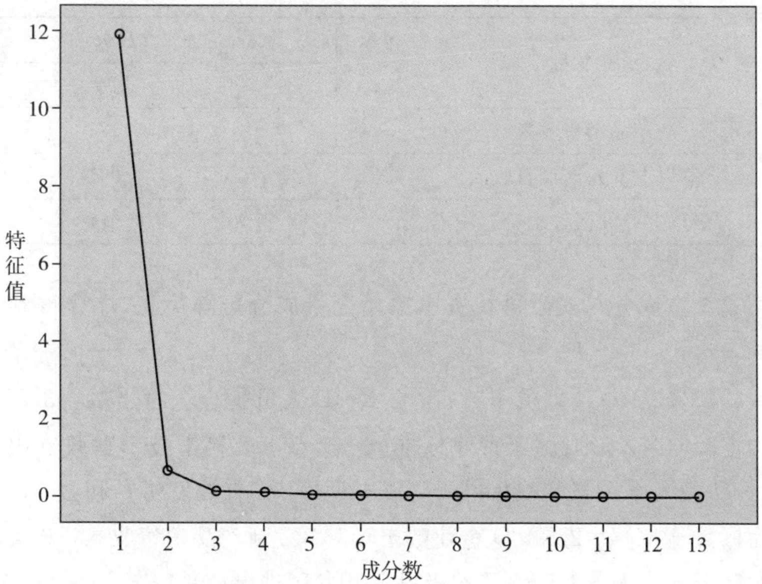

图 2-2　2020 年安徽科技资本主成分分析碎石图

安徽科技资本指标变量的成分矩阵如表 2-14 所示，从中可看出第一主成分与 13 个指标原始变量间的关系，除了 R&D 企业数与第一主成分之间的关系系数是 0.695 外，其余 12 指标与第一主成分之间的关系系数均在 0.89 以上，关系系数相对较高。

表 2-14　2020 年安徽科技资本成分矩阵

指标变量	成分
	1
R&D 人员	0.995
R&D 人员折合全时当量	0.994
发表科技论文	0.890
形成国家行业标准数	0.950
科学技术财政支出	0.988
R&D 经费投入	0.993
专利申请数	0.991
有效发明专利数	0.990
拥有注册商标数	0.977
R&D 企业数	0.695

（续表）

指标变量	成分
	1
新产品销售收入	0.977
省级以上开发区经营收入	0.991
省级以上开发区进出口总额	0.972

利用第一主成分与安徽科技资本原始变量成分矩阵信息，计算得到第一主成分（y_1）的表达式：

y_1＝3.47×Z R&D人员＋3.47×Z R&D人员折合全时当量＋3.88×Z发表科技论文＋3.64×Z形成国家行业标准数＋3.49×Z科学技术财政支出＋3.48×Z R&D经费投入＋3.48×Z专利申请数＋3.49×Z有效发明专利数＋3.53×Z拥有注册商标数＋4.97×Z R&D企业数＋3.53×Z新产品销售收入＋3.48×Z省级以上开发区经营收入＋3.55×Z省级以上开发区进出口总额

借助第一主成分表达式，得到安徽城市科技资本竞争力综合得分表，见表2-15。

表2-15 2020年安徽城市科技资本竞争力综合得分表

城市	F_1	综合得分
合肥	153.75	140.94
淮北	−18.10	−16.59
亳州	−23.24	−21.30
宿州	−24.23	−22.21
蚌埠	−9.32	−8.54
阜阳	−4.48	−4.11
淮南	−25.45	−23.33
滁州	6.72	6.16
六安	−16.89	−15.48
马鞍山	−.27	−0.25
芜湖	44.74	41.01
宣城	−5.41	−4.96
铜陵	−16.50	−15.13
池州	−29.69	−27.22
安庆	−2.03	−1.86
黄山	−29.61	−27.14

通过分析 2020 年安徽城市科技资本竞争力发现，合肥科技资本竞争力以高于平均值 140.94，排名第 1。芜湖科技资本竞争力以高于平均值 41.01 排名第 2，滁州科技资本以高于平均值 6.16 位居第三名，马鞍山、安庆、阜阳、宣城、蚌埠、铜陵、六安、淮北、亳州、宿州、淮南、黄山、池州以分别低于平均值 0.25、1.86、4.11、4.96、8.54、15.13、15.48、16.59、21.30、22.21、23.33、27.14、27.22 分别排名第 3 至第 13，如图 2－3 所示。

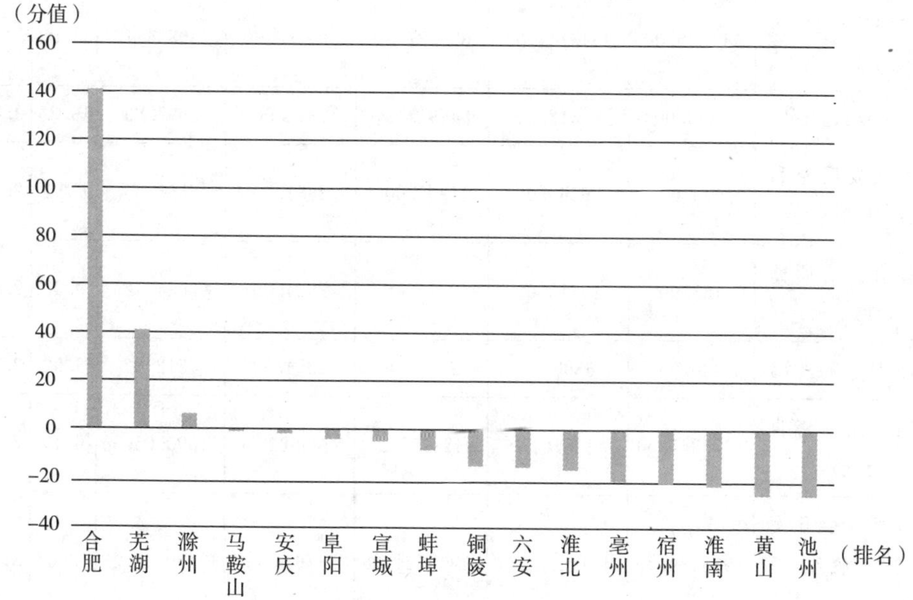

图 2－3　2020 年安徽城市科技资本竞争力综合排名

（四）2021 年科技资本竞争力分析

对 2021 年安徽科技资本竞争力评价 13 个指标数据从极小值、极大值、均值、中位数、标准差、峰度、偏度等方面进行描述性分析，见表 2－16。

表 2－16　2021 年安徽科技资本数据描述性统计量

指标	极小值	极大值	均值	中位数	标准差	峰度	偏度
R&D 人员（人）	6057.00	117307.00	21889.88	12475.50	27700.86	10.48	3.12
R&D 人员折合全时当量（人年）	3897.00	83364.00	14704.69	8191.50	19733.14	11.01	3.20
发表科技论文（篇）	15.00	1724.00	266.50	131.50	411.20	12.08	3.33

（续表）

指标	极小值	极大值	均值	中位数	标准差	峰度	偏度
形成国家行业标准数(项)	18.00	629.00	110.88	57.00	150.56	10.36	3.05
科学技术财政支出(万元)	27417.00	1740822.00	234383.38	102207.50	431647.70	11.23	3.29
R&D经费投入(万元)	111635.00	3945741.00	628827.81	328638.50	949864.13	11.22	3.24
专利申请数(件)	1330.00	25312.00	4691.13	2842.00	5997.89	10.35	3.08
有效发明专利数(件)	925.00	26563.00	4905.00	2881.00	6658.85	7.94	2.76
拥有注册商标数(件)	433.00	10713.00	2073.06	1324.00	2584.42	9.08	2.94
R&D企业数(个)	890.00	6865.00	2229.56	1854.50	1512.02	5.52	2.14
新产品销售收入(万元)	1275841.00	44125161.00	9438579.25	5548623.50	11090505.55	6.19	2.39
省级以上开发区经营收入(万元)	8986439.00	213141232.00	41472521.38	26476545.50	49660688.25	10.66	3.12
省级以上开发区进出口总额(万美元)	62928.00	3874257.00	540120.44	191922.00	945764.59	11.74	3.30

数据来源：《城市统计年鉴》整理所得。

由上表可知，安徽科技资本竞争力评价13个指标数据都呈现高度右偏分布，且呈现尖峰分布。

对安徽科技资本竞争力评价指标进行相关性分析，相关系数矩阵见表2－17。这13个变量间的相关系数均值在0.90以上，最大值为R&D人员与R&D人员折合全时当量之间的相关系数，其值为0.999；最小值为发表科技论文与R&D企业数之间的相关系数，其值为0.802。安徽科技资本竞争力评价13个指标之间的相关系数均在0.8以上，意味着三级指标变量间存在着较强的相关关系，需要运用主成分进行降维处理。

表 2-17 2021 年安徽科技资本竞争力评价指标相关系数矩阵

指标	R&D人员	R&D人员折合全时当量	发表科技论文	形成国家行业标准数	科学技术财政支出	R&D经费投入	专利申请数	有效发明专利数	拥有注册商标数	R&D企业数	新产品销售收入	省级以上开发区经营收入	省级以上开发区进出口总额
R&D人员	1.000	0.999	0.932	0.943	0.990	0.996	0.992	0.987	0.972	0.932	0.955	0.983	0.956
R&D 人员折合全时当量	0.999	1.000	0.929	0.944	0.989	0.996	0.992	0.983	0.970	0.935	0.952	0.982	0.955
发表科技论文	0.932	0.929	1.000	0.916	0.936	0.939	0.915	0.891	0.900	0.802	0.850	0.922	0.935
形成国家行业标准数	0.943	0.944	0.916	1.000	0.947	0.945	0.951	0.929	0.915	0.912	0.876	0.955	0.939
科学技术财政支出	0.990	0.989	0.936	0.947	1.000	0.989	0.980	0.979	0.979	0.916	0.926	0.981	0.963
R&D经费投入	0.996	0.996	0.939	0.945	0.989	1.000	0.989	0.985	0.970	0.922	0.953	0.989	0.963
专利申请数	0.992	0.992	0.915	0.951	0.980	0.989	1.000	0.986	0.975	0.959	0.965	0.989	0.948
有效发明专利数	0.987	0.983	0.891	0.929	0.979	0.985	0.986	1.000	0.980	0.945	0.958	0.984	0.933
拥有注册商标数	0.972	0.970	0.900	0.915	0.979	0.970	0.975	0.980	1.000	0.928	0.919	0.974	0.924
R&D企业数	0.932	0.935	0.802	0.912	0.916	0.922	0.959	0.945	0.928	1.000	0.928	0.937	0.858
新产品销售收入	0.955	0.952	0.850	0.876	0.926	0.953	0.965	0.958	0.919	0.928	1.000	0.954	0.923
省级以上开发区经营收入	0.983	0.982	0.922	0.955	0.981	0.989	0.989	0.984	0.974	0.937	0.954	1.000	0.970
省级以上开发区进出口总额	0.956	0.955	0.935	0.939	0.963	0.963	0.948	0.933	0.924	0.858	0.923	0.970	1.000

运用 SPSS 软件对安徽科技资本竞争力进行主成分分析时，对 13 个科技资本变量进行公因子方差分析，这表明从原始变量中提取信息量的程度；安徽科技资本公因子提取的方差较大，均值在 0.95 以上，这表明提取的公因子能够代表原始变量信息，见表 2－18。

表 2－18　2021 年安徽科技资本公因子方差

	初始	提取
R&D 人员	1.000	0.991
R&D 人员折合全时当量	1.000	0.989
发表科技论文	1.000	0.874
形成国家行业标准数	1.000	0.919
科学技术财政支出	1.000	0.982
R&D 经费投入	1.000	0.991
专利申请数	1.000	0.992
有效发明专利数	1.000	0.976
拥有注册商标数	1.000	0.955
R&D 企业数	1.000	0.890
新产品销售收入	1.000	0.918
省级以上开发区经营收入	1.000	0.988
省级以上开发区进出口总额	1.000	0.934

接着分析安徽 2021 年科技资本解释的总方差。第一成分的初始特征值为 12.400，远远高于 1；第二成分、第三成分的数值分别为 0.257、0.121，数值要低于 1，见表 2－19。在此选择 1 个公共因子就能够得到 95％的累计贡献率，能够解释 95％的总方差。

表 2－19　2021 年安徽科技资本解释的总方差

成分	初始特征值			提取平方和载入		
	合计	方差的％	累积％	合计	方差的％	累积％
1	12.400	95.381	95.381	12.400	95.381	95.381
2	0.257	1.979	97.360			
3	0.121	0.929	98.289			
4	0.093	0.713	99.001			

（续表）

成分	初始特征值			提取平方和载入		
	合计	方差的%	累积%	合计	方差的%	累积%
5	0.056	0.428	99.430			
6	0.031	0.240	99.670			
7	0.020	0.154	99.823			
8	0.009	0.071	99.894			
9	0.008	0.064	99.957			
10	0.004	0.029	99.986			
11	0.001	0.010	99.996			
12	0.000	0.003	100.000			
13	0.000	0.000	100.000			

提取方法：主成分分析。

借助安徽科技资本解释的总方差与碎石图可知，第 1 点是由陡峭转向平稳的明显转折点，故选取前 1 个主成分进行分析是合理的，如图 2－4 所示。

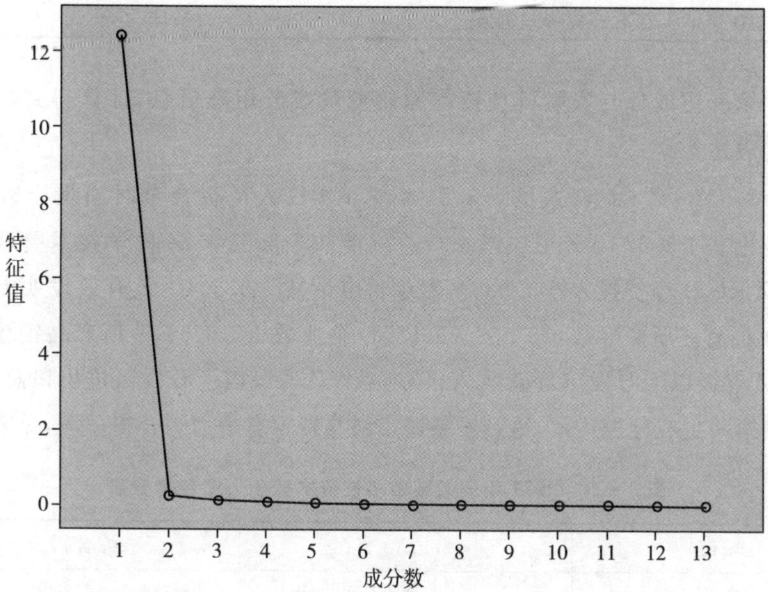

图 2－4　2021 年安徽科技资本主成分分析碎石图

安徽科技资本指标变量的成分矩阵见表 2－20 所示，从中可看出第一主成分与 13 个指标原始变量间的关系均在 0.93 以上，关系系数相对较高。

表 2-20 2021 年安徽科技资本指标变量的成分矩阵

指标变量	成分
	1
R&D 人员	0.996
R&D 人员折合全时当量	0.995
发表科技论文	0.935
形成国家行业标准数	0.959
科学技术财政支出	0.991
R&D 经费投入	0.996
专利申请数	0.996
有效发明专利数	0.988
拥有注册商标数	0.977
R&D 企业数	0.943
新产品销售收入	0.958
省级以上开发区经营收入	0.994
省级以上开发区进出口总额	0.966

利用第一主成分与安徽科技资本原始变量成分矩阵信息，计算得到第一主成分(y_1)的表达式：

y_1＝3.537×Z R&D 人员＋3.540×Z R&D 人员折合全时当量＋3.767×Z 发表科技论文＋3.673×Z 形成国家行业标准数＋3.554×Z 科学技术财政支出＋3.537×Z R&D 经费投入＋3.536×Z 专利申请数＋3.564×Z 有效发明专利数＋3.603×Z 拥有注册商标数＋3.733×Z R&D 企业数＋3.676×Z 新产品销售收入＋3.542×Z 省级以上开发区经营收入＋3.644×Z 省级以上开发区进出口总额

借助第一主成分表达式，得到安徽城市科技资本竞争力综合得分表，见表 2-21。

表 2-21 2021 年安徽城市科技资本竞争力综合得分表

城市	F_1	综合得分
合肥	159.07	151.72
淮北	−18.18	−17.34
亳州	−22.55	−21.51
宿州	−22.53	−21.49

（续表）

城市	F_1	综合得分
蚌埠	－14.70	－14.02
阜阳	－10.13	－9.66
淮南	－23.31	－22.23
滁州	4.17	3.98
六安	－15.15	－14.45
马鞍山	－1.71	－1.63
芜湖	44.79	42.72
宣城	－7.30	－6.96
铜陵	－12.17	－11.61
池州	－26.25	－25.04
安庆	－7.14	－6.81
黄山	－26.91	－25.67

通过分析2021年安徽科技资本竞争力发现，合肥科技资本竞争力以高于平均值151.72排名第1，合肥的R&D人员数量和R&D人员折合全时当量分别为117307人、83364人年，发表科技论文和形成国家行业标准分别为1724篇、629项，科学技术财政支出达1740822万元，R&D经费投入达3945741万元，专利申请数与有效发明专利数分别为25312件、26563件，拥有注册商标数达10713件，R&D企业数达6865个，新产品销售收入达44125161万元，省级以上开发区经营收入达213141232万元，省级以上开发区进出口总额达3874257万美元，这些指标远远超过其他城市，优势非常突出。

芜湖科技资本竞争力以高于平均值42.72排名第2，滁州科技资本以高于平均值3.98排名第3，马鞍山与安庆分别低于平均值1.63与6.81排名第4、第5，合肥、芜湖、滁州、马鞍山、安庆2021年排名与2020年没有发生变化。宣城以低于均值6.96排名第6，相比2020年提升了1名。阜阳以低于均值9.66排名第7，相比2020年下降了1名。铜陵以低于均值11.61排名第8，相比2020年提升了1名。蚌埠以低于均值14.02排名第9，相比2020年下降了1名。六安、淮北分别以低于均值14.45与17.34排名第10、第11，与2020年相比，名次没有发生变化。宿州以低于均值21.49排名第12，相比2020年提升了1名。亳州以低于均值21.51排名第13，相比2020年下降了1名。淮南以低于均值22.23排名第14，与2020年相比，名次没有发生变化。池州以低于均值25.04排名第15，相比 2020 年提升了 1 名。黄山以低于均值 25.67 排名第 16，相比 2020 年下降了 1 名，如图 2－5 所示。

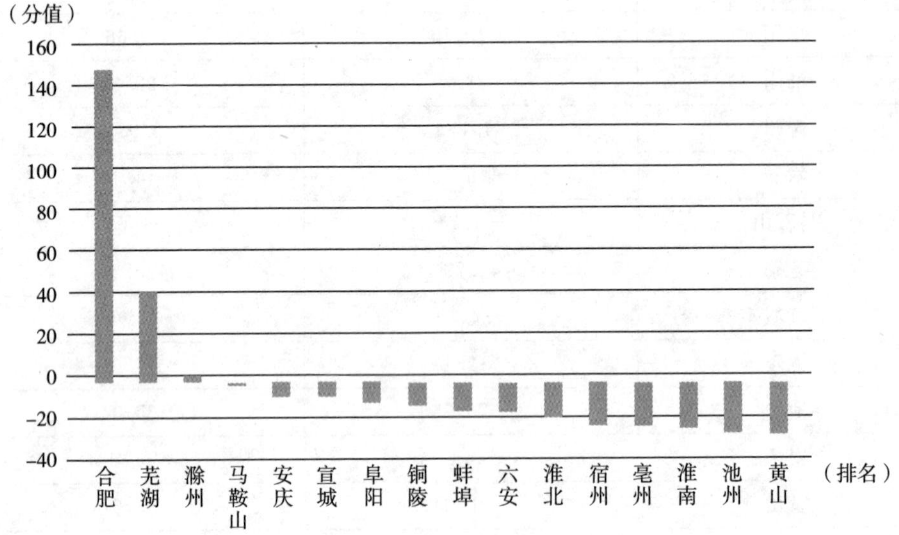

图 2－5 2021 年安徽科技资本竞争力综合排名

第三章　人力资本推动长三角高质量一体化发展

在全球化与知识经济时代的双重背景下，人力资本已然成为衡量区域创新能力与经济发展水平的重要指标，对于提高区域发展水平与竞争力具有关键作用，是区域创新发展与转型升级的重要驱动力。

第一节　安徽人口发展现状

长三角是我国人力资源最为集中的地区之一，2021 年底区域常住人口数量为 23647.83 万人，贡献了 276054.25 亿元的经济总量。本节立足于从安徽人口增长率、年龄结构、人口密度、人口转移等视角分析安徽人口发展现状。

(一)安徽人口增长率对比

根据《安徽统计年鉴》《上海统计年鉴》《江苏统计年鉴》与《浙江统计年鉴》，上海从 2010 年至 2017 年人口增长率处于下降趋势，从 4.18%下降至－0.04%；2018 年至 2020 年，上海人口增长率较为稳定，维持在 0.30%左右。江苏从 2011 年至 2020 年，人口增长率处于下降趋势，从 1.95%下降至 0.10%。浙江人口增长率平均为 0.66%，从 2010 年至 2015 年处于下降趋势，从 0.67%下降至 0.29%；而到了 2016 年至 2021 年，浙江人口平均增长率维持在 0.85%左右。安徽人口增长率平均水平较低，从 2010 年至 2017 年处于上升趋势，从－2.84%上升至 0.40%；在 2018 年至 2020 年期间较为稳定，维持在 0.26%左右，具体如图 3－1所示。

从人口自然增长率指标来看，安徽近十年来人口自然增长率有所下降，从 2009 年 2.56‰的人口增长率下降至 2021 年的 0.05‰。上海近十年来人口自然增长率出现负值，而且呈现出显著下降趋势，人口死亡率要高于人口出生率，2020 年上海人口自然增长率下降为－3.52‰。2009 年江苏人口自然增长率为 2.56‰，到

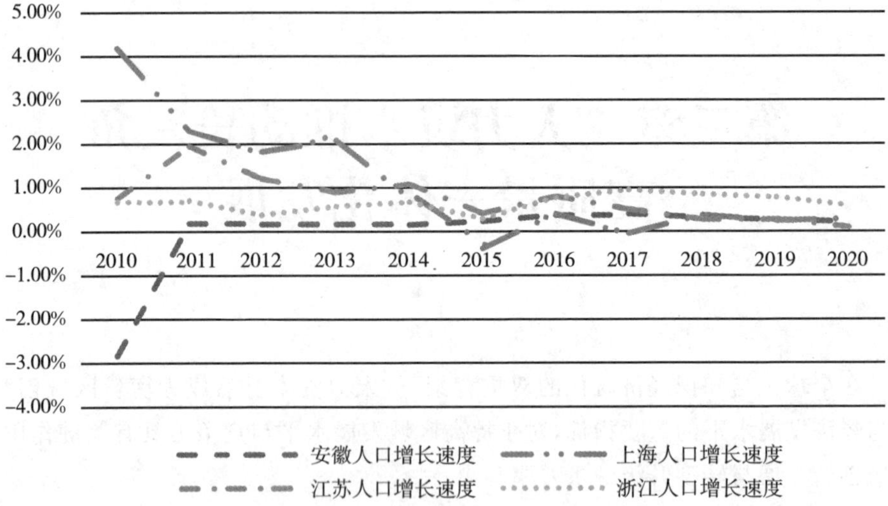

图 3-1 2010—2020 年长三角地区人口增长率

了 2020 年下降至 0.17‰，2021 年人口自然增长率首次出现负值，为－1.1‰。近十年浙江人口自然增长率是长三角区域最高的，呈现出稳中上升趋势，2017 年人口自然增长率达到 6.36‰，2021 年下降为 1‰，具体见表 3-1。

表 3-1 2009—2021 年长三角地区人口自然增长率

年份	安徽(‰)	上海(‰)	江苏(‰)	浙江(‰)
2009 年	2.56	－1.02	2.56	4.63
2010 年	2.85	－0.60	2.85	4.73
2011 年	2.77	－0.68	2.77	4.07
2012 年	2.58	0.26	2.58	4.60
2013 年	2.57	－0.54	2.57	4.56
2014 年	2.54	0.32	2.54	5.00
2015 年	2.15	－1.27	2.15	5.02
2016 年	2.83	0.50	2.83	5.70
2017 年	2.78	－0.60	2.78	6.36
2018 年	2.41	－1.90	2.41	5.44
2019 年	2.21	－2.31	2.21	4.99
2020 年	1.49	－3.52	0.17	1.29
2021 年	0.05	－0.92	－1.10	1.00

(二)安徽年龄结构比较

少年儿童人口与老年人口比重直接影响人力资本结构。选取年龄系数与抚养系数指标来衡量:2009—2021 年期间,安徽少年儿童系数出现下降趋势,随后呈现出稳中上升态势,2021 年少年儿童系数达到 18.65%;2009—2021 年期间,少年儿童抚养系数呈现快速下降趋势,随即稳中上升,2020 年少年儿童抚养系数达到 29.27%,达到一个小高峰,这意味着安徽潜在劳动力充足,经济可持续发展动力强劲;2009—2021 年期间,老年系数呈现出稳中上升趋势,2021 年老年系数达到 15.44%,社会老龄化现象逐步显现;与老年系数类似,2009—2021 年期间,老年抚养系数呈现出稳中上升趋势,2021 年老年抚养系数达到 23.43%,达到一个小高峰。老龄化人口上升速度较快,养老负担在逐步加重,具体见表 3-2。

表 3-2　2009—2021 年安徽年龄系数与抚养系数对比　　单位:%

年份	少年儿童系数	少年儿童抚养系数	老年系数	老年抚养系数
2009 年	19.40	28.05	11.43	16.52
2010 年	17.77	24.68	10.23	14.21
2011 年	18.59	26.56	11.41	16.30
2012 年	18.35	26.37	12.08	17.36
2013 年	18.51	26.72	12.24	17.68
2014 年	18.68	26.83	11.71	16.83
2015 年	18.21	25.99	11.73	16.74
2016 年	18.31	26.27	12.00	17.22
2017 年	18.60	26.95	12.38	17.94
2018 年	18.85	27.65	12.97	19.02
2019 年	18.91	28.16	13.93	20.74
2020 年	19.24	29.27	15.01	22.83
2021 年	18.65	28.30	15.44	23.43

数据来源:《安徽统计年鉴》。

(三)安徽人口密度对比

长三角三省一市中,上海人口密度为 3854.19 人/平方公里,位居第 1;安徽人口密度达 508.14 人/平方公里,浙江人口密度为 554.50 人/平方公里,江苏人口密度为 752.80 人/平方公里,具体见表 3-3。从总体上看,安徽人口密度较大,说明劳动力充足,人口红利能够吸引更多的企业入皖,进一步扩大区域市场规模。

表 3-3 2019 年长三角地区人口密度对比

省份	土地面积（万平方公里）	2019 年末常住人口（万人）	2019 年人口密度（人/平方公里）
安徽	14.01	7119	508.14
上海	0.63	2428.14	3854.19
江苏	10.72	8070	752.80
浙江	10.55	5850	554.50

(四)安徽人口转移现状

根据《安徽统计年鉴》,安徽流向省外半年以上的人数,2009—2011 年处于增长趋势,从 992 万人增长到 1199 万人。随后在 2012—2018 年期间,安徽流向省外半年以上的人数处于略微下降趋势,从 1157 万人下降至 1048 万人。但是到了 2019—2021 年,安徽流向省外半年以上的人数出现了略微上升,增至 1145 万人,具体如图 3-2 所示。

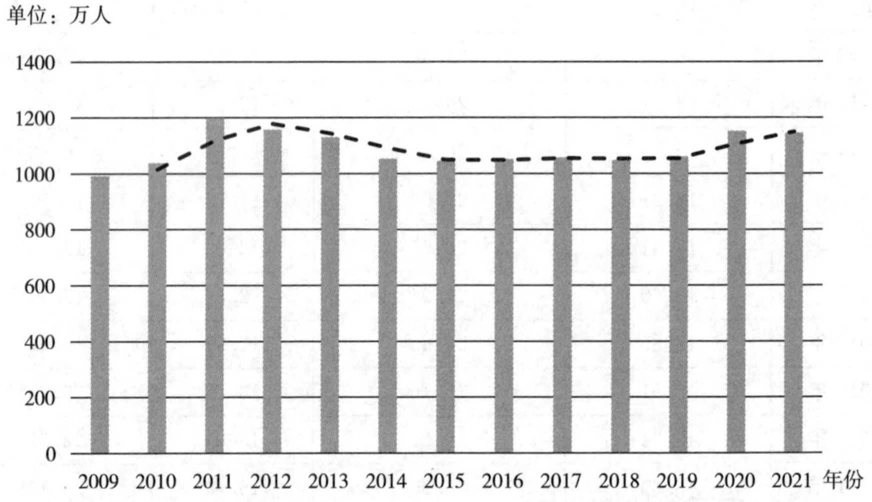

图 3-2 2009—2021 年安徽人口转移情况

2011—2019 年期间,安徽流向江苏人口占比呈现上升趋势,2019 年流向江苏人口在总外流人口中占比达到 30.02%。2011—2019 年期间,安徽流向浙江人口占比呈现下降趋势,2019 年流向浙江人口占比下跌至 25.72%。2011—2019 年期间,安徽流向上海人口占比保持基本稳定,基本维持在 23%左右。除了长三角区域之外,安徽人口还热衷于流向广东、北京、福建、山东、天津等地。2011—2019 年期间，安徽流向广东的人口占比出现了下降趋势，2019 年人口占比下跌至 4.35%。2011—2019 年期间，安徽流向北京的人口出现了下降趋势，2019 年人口占比下跌至 3.31%。2011—2019 年期间，安徽流向福建的人口占比有波动，但整体上基本稳定，维持在 1.9%左右。2011—2019 年期间，安徽流向山东的人口占比出现了下降趋势，2019 年人口占比下跌至 1.66%。2011—2019 年期间，安徽流向天津的人口占比呈现略微上升趋势，2019 年人口占比达到 1.28%。在 2011—2019 年期间，安徽流向其他省份的人口占比呈现出略微上升趋势，2019 年人口占比达到 9.75%，具体见表 3－4。

表 3－4　安徽流向省外半年以上流动人口构成

年份	江苏	浙江	上海	广东	北京	福建	山东	天津	其他
2011 年	26.34%	27.53%	21.80%	5.62%	4.24%	2.11%	2.09%	1.11%	9.16%
2012 年	26.79%	28.60%	20.20%	5.79%	3.74%	2.05%	1.82%	1.33%	9.68%
2013 年	25.02%	26.75%	22.90%	7.20%	3.72%	1.80%	1.95%	1.13%	9.53%
2014 年	26.92%	27.25%	21.66%	5.21%	3.86%	1.86%	2.15%	1.11%	9.98%
2015 年	25.39%	26.81%	23.32%	4.88%	4.00%	2.13%	1.72%	1.21%	10.54%
2016 年	26.27%	27.32%	25.18%	4.52%	4.00%	1.59%	1.42%	1.23%	8.47%
2017 年	29.24%	26.99%	23.09%	4.24%	3.45%	1.57%	1.51%	1.22%	8.69%
2018 年	28.14%	25.67%	23.66%	4.61%	3.66%	2.08%	1.63%	1.23%	9.32%
2019 年	30.02%	25.72%	21.79%	4.35%	3.31%	2.12%	1.66%	1.28%	9.75%

数据来源:《安徽统计年鉴》。

第二节　安徽人力资本发展现状

人力资本的概念最初是由“现代经济学之父”亚当·斯密提出的，指人类在生产过程中学习到的技术与才能。安徽人力资本发展的状况，可以从医疗卫生投资与教育投资两个视角来分析。

(一)医疗卫生投资发展状况

衡量医疗卫生投资状况时选用医疗卫生投资与医疗卫生支出两个指标，其中医疗卫生投资是由医疗卫生机构数、医疗卫生机构人员数与医院实有床位数来衡量的。2009—2021 年期间，安徽医疗卫生机构数呈上升趋势，2021 年达 29554，是

2009 年的 1.19 倍。2009—2021 年期间，安徽医疗卫生机构人员数呈现稳定上升趋势，2021 年达 519677 人，是 2009 年的 2.1 倍。2009—2021 年期间，安徽医院实有床位数呈现直线上升趋势，2021 年达到 318142 张，是 2009 年的 2.8 倍，具体见表 3-5 所示。

表 3-5 2009—2021 年安徽医疗卫生投资状况

年份	医疗卫生机构数(个)	医疗卫生机构人员数(人)	医院实有床位(张)
2009	24736	244477	113785
2010	23019	247493	122171
2011	22884	315514	139738
2012	23278	334736	157817
2013	24645	353835	171508
2014	24824	365650	187730
2015	24853	377387	202713
2016	24388	390346	216448
2017	24484	407530	233142
2018	24926	426851	253264
2019	26436	454616	271517
2020	29391	503226	317229
2021	29554	519677	318142

数据来源：《安徽统计年鉴》。

除了 2016 年外，2009—2021 年期间，安徽医疗卫生支出总量呈上升趋势，由 165.74 亿元上升到 732.00 亿元，绝对数增加了约 4.4 倍。就相对指标而言，医疗卫生支出占财政支出比重呈现出波浪式上升趋势，2021 年医疗卫生支出占财政支出比重达 9.64%，比 2009 年增加了 1.9%。医疗卫生支出占生产总值的比重呈现同步增长态势，即呈现出波浪式上升趋势，2021 年医疗卫生支出占生产总值的比重达 1.70%，比 2009 年增加了 0.17%，具体见表 3-6。

表 3-6 2009—2019 年安徽医疗卫生支出情况

年份	生产总值(亿元)	财政支出(亿元)	医疗卫生支出(亿元)	医疗卫生支出占财政支出的比重(%)	医疗卫生支出占生产总值的比重(%)
2009	10864.68	2141.92	165.74	7.74%	1.53%
2010	13249.78	2587.61	184.22	7.12%	1.39%

（续表）

年份	生产总值（亿元）	财政支出（亿元）	医疗卫生支出（亿元）	医疗卫生支出占财政支出的比重(%)	医疗卫生支出占生产总值的比重(%)
2011	16284.92	3302.99	277.23	8.39%	1.70%
2012	18341.67	3961.01	319.39	8.06%	1.74%
2013	20584.04	4349.69	361.80	8.32%	1.76%
2014	22519.65	4664.10	425.00	9.11%	1.89%
2015	23831.18	5239.08	485.60	9.27%	2.04%
2016	26307.70	5522.95	480.12	8.69%	1.83%
2017	29676.22	6203.81	597.74	9.64%	2.01%
2018	34010.91	6572.15	627.10	9.54%	1.84%
2019	36845.49	7392.22	687.36	9.30%	1.85%
2020	38061.51	7473.59	761.62	10.19%	2.00%
2021	42959.18	7591.05	732.00	9.64%	1.70%

数据来源：《安徽统计年鉴》。

(二)教育投资发展状况

教育投资是人力资本竞争力重要组成部分，受过高等教育的劳动力人数的多少决定了该地区人力资本创新水平的高低，是推动高质量一体化的中坚力量。首先选取教育经费投入指标，按照不同教育类别将其划分为高等教育、高中教育、义务教育、学前教育及其他教育，因不同年份年鉴统计方式存在差异，选取2015—2019年数据进行分析。从经费投入总量来看，义务教育总经费投入最多，2019年经费总投入达8890010万元，比2015年增加2816774万元，呈现直线上升趋势。高等教育与高中教育总经费投入差异不大，2019年经费总投入分别达到2915319万元和2882799万元，相比2015年分别增长743859万元和497380万元，而且呈现出相似的增长趋势。学前教育与其他教育经费总投入相对较低，2019年经费总投入分别为1131536万元和434087万元，相比2015年分别增长518089万元和143956万元，增长幅度相对较小，具体见表3-7。

表3-7 2015—2019年安徽教育经费投入情况 单位：万元

年份	高等教育	高中教育	义务教育	学前教育	其他教育
2015年	2171460	2385419	6073236	613447	290131
2016年	2190177	2322798	6789250	727322	321349

（续表）

年份	高等教育	高中教育	义务教育	学前教育	其他教育
2017 年	2707141	2471259	7309093	817768	446307
2018 年	2733273	2703984	8126650	984406	398948
2019 年	2915319	2882799	8890010	1131536	434087

数据来源:《安徽统计年鉴》。

从人均教育经费投入来看,高等教育人均投入经费最高,由 2015 年人均 19204.56 元增长到 2018 年人均 23995.02 元,但到 2019 年高等教育人均投入经费下降为 23486.01 元,这五年期间高等教育人均经费涨幅为 4281.45 元。中等教育人均投入经费呈现出直线上升趋势,由 2015 年人均 12873.76 元增长到 2019 年 16684.45 元,涨幅为 3810.69 元。小学教育人均投入经费由 2015 年 8988.36 元增长到 2019 年 11709.65 元,涨幅为 2721.29 元。根据《世界发展报告》,随着经济发展程度越高,高等教育、中等教育、小学教育三级教育人均经费投入级差越小。高等教育与中等教育人均投入经费之比由 2015 年 1.49∶1 上升到 2017 年 1.64∶1,随后 2019 年该比例下降至 1.41∶1。高等教育与小学教育人均投入经费之比由 2015 年 2.14∶1 上升到 2017 年 2.31∶1,随后到 2019 年下降至 2.01∶1。中等教育与小学教育人均经费投入之比由 2015 年 1.43∶1 上升至 2018 年 1.45∶1,随后 2019 年下降至 1.42∶1,具体见表 3-8。

表 3-8　2015—2019 年安徽不同类别学校教育人均经费投入情况　单位:元

年份	高等教育	中等教育	小学教育
2015 年	19204.56	12873.76	8988.36
2016 年	19128.18	13399.94	9888.28
2017 年	23593.70	14365.47	10232.90
2018 年	23995.02	15797.42	10876.90
2019 年	23486.01	16684.45	11709.65

数据来源:《安徽统计年鉴》。

再次,选取财政支出中关于教育支出指标,分析安徽、上海、江苏、浙江三省一市教育支出状况。江苏教育支出最高,2009—2019 年期间,江苏教育支出呈现直线上升趋势,2019 年江苏教育支出达 2213.84 亿元,是 2009 年的 3.3 倍。其次是浙江,2009—2019 年期间,浙江教育支出也呈现直线上升趋势,2019 年浙江教育支出达 1764.69 亿元,是 2009 年的 3.4 倍。紧随其后的是安徽,2009—2019 年安徽教育支出同样处于上升趋势,2019 年安徽教育支出达 1222.21 亿元,是 2009 年的 3.8 倍,增长速度在长三角区域位列第一。2009—2019 年上海教育支出处于上升趋势,2019 年上海教育支出达 995.70 亿元,是 2009 年的 2.9 倍,具体如表 3-9 与图 3-3 所示。

表 3-9 2009—2019 年长三角地区教育支出 单位:亿元

年份	安徽	上海	江苏	浙江
2009 年	323.79	346.95	680.63	519.33
2010 年	386.31	417.28	865.36	606.54
2011 年	564.71	549.24	1093.22	751.42
2012 年	717.94	648.95	1350.61	877.86
2013 年	736.59	679.54	1434.99	950.07
2014 年	743.07	695.53	1504.86	1030.99
2015 年	856.73	767.32	1746.22	1264.93
2016 年	910.88	840.97	1842.94	1300.03
2017 年	1014.91	874.10	1979.57	1430.15
2018 年	1113.26	917.99	2055.56	1572.47
2019 年	1222.21	995.70	2213.84	1764.69

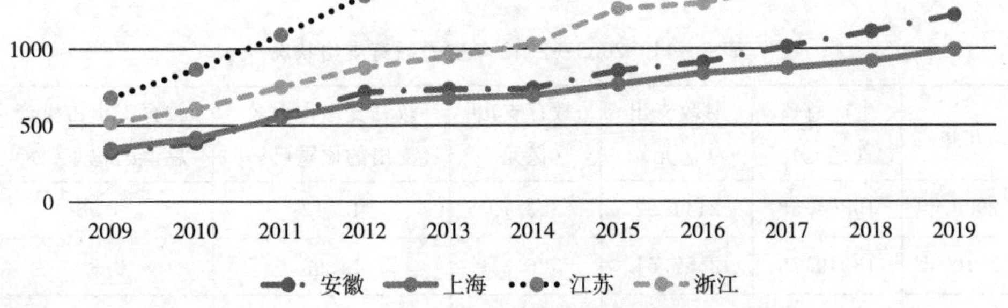

图 3-3 2009—2019 年长三角地区教育支出对比图

选取普通高等学校、中等学校、小学等不同类别学校数量指标，发现2009—2019年安徽普通高等学校数量处于不断上升趋势，2019年达112所，比2009年多17所。2009—2019年安徽中等学校数量处于不断下降趋势，2019年减少至3812所，比2009年减少了508所。2009—2019年安徽小学数量减少速度更快，2019年减少至7792所，比2019年减少了7182所，具体见表3-10。

表3-10 2009—2019年安徽不同类别学校数量对比 单位：所

年份	普通高等学校	中等学校	小学
2009年	95	4320	14974
2010年	100	4241	13997
2011年	104	4124	13343
2012年	107	4051	12547
2013年	103	4002	11507
2014年	107	3977	10547
2015年	108	3884	9119
2016年	109	3804	8284
2017年	109	3790	8108
2018年	110	3797	7908
2019年	112	3812	7792

数据来源：《安徽统计年鉴》。

2009年至2012年安徽教育支出占财政支出比重一直处于上升趋势，由2009年15.12%上升至2012年18.13%，2013年至2019年教育支出占财政支出比重维持在16.5%左右。教育支出占地区生产总值比重由2009年2.98%上升至2012年3.91%，随后该比重出现了下降趋势，2019年教育支出占地区生产总值比重下降至3.29%，具体见表3-11。

表3-11 2009—2019年安徽教育支出状况

年份	生产总值（亿元）	财政支出（亿元）	教育支出（亿元）	教育支出占财政支出的比重(%)	教育支出占生产总值的比重(%)
2009年	10864.68	2141.92	323.79	15.12	2.98
2010年	13249.78	2587.61	386.31	14.93	2.92
2011年	16284.92	3302.99	564.71	17.10	3.47

（续表）

年份	生产总值（亿元）	财政支出（亿元）	教育支出（亿元）	教育支出占财政支出的比重（%）	教育支出占生产总值的比重（%）
2012年	18341.67	3961.01	717.94	18.13	3.91
2013年	20584.04	4349.69	736.59	16.93	3.58
2014年	22519.65	4664.10	743.07	15.93	3.30
2015年	23831.18	5239.08	856.73	16.35	3.59
2016年	26307.70	5522.95	910.88	16.49	3.46
2017年	29676.22	6203.81	1014.91	16.36	3.42
2018年	34010.91	6572.15	1113.26	16.94	3.27
2019年	37113.98	7392.22	1222.21	16.53	3.29

数据来源：《安徽统计年鉴》。

第三节 安徽人力资本竞争力赋能评价

本节首先构建安徽人力资本竞争力评价体系，通过搜集2019年与2020年安徽人力资本数据，实证分析安徽人力资本竞争力变化状况。

（一）人力资本评价体系构建

借鉴国内外学者对人力资本评价指标测度，结合安徽16市人力资本实际情况，构建安徽城市人力资本竞争力评价指标体系，具体见表3-12。一级指标分为人力资本投入、人力资本水平与人力资本产出，其中，人力资本投入由教育投入、医疗投入、研发投入构成，具体由人均教育经费支出、人均医疗支出、研发经费支出、研发人员全时当量指标衡量；人力资本水平由教育水平、医疗水平、研发水平构成，具体由普通高等学校数、普通高等学校毕业生数、拥有卫生机构人员数、拥有卫生机构数、拥有卫生机构床位数、研发活动的单位数指标测度；人力资本产出由研发产出、经济质量、生活质量构成，具体由专利申请数、有效发明专利数、形成国家行业标准数、社会消费品零售总额、财政收入、城镇居民可支配收入、农村居民可支配收入指标衡量。

表 3-12 安徽城市人力资本竞争力评价指标体系

一级指标	二级指标	三级指标
人力资本投入	教育投入(F_1)	人均教育经费支出(F_{11})
	医疗投入(F_2)	人均医疗支出(F_{21})
	研发投入(F_3)	研发经费支出(F_{31})
		研发人员全时当量(F_{32})
人力资本水平	教育水平(F_4)	普通高等学校数(F_{41})
		普通高等学校毕业生数(F_{42})
	医疗水平(F_5)	拥有卫生机构人员数(F_{51})
		拥有卫生机构数(F_{52})
		拥有卫生机构床位数(F_{53})
	研发水平(F_6)	研发活动的单位数(F_{61})
人力资本产出	研发产出(F_7)	专利申请数(F_{71})
		有效发明专利数(F_{72})
		形成国家行业标准数(F_{73})
	经济质量(F_8)	社会消费品零售总额(F_{81})
		财政收入(F_{82})
	生活质量(F_9)	城镇居民可支配收入(F_{91})
		农村居民可支配收入(F_{92})

(二)2019 年人力资本竞争力分析

对搜集到的 2019 年 17 个三级指标数据从极大值、极小值、均值、标准差、偏度、峰度等方面进行描述性分析,见表 3-13。

表 3-13 2019 年安徽人力资本数据描述性统计量

指标	极大值	极小值	均值	标准差	峰度	偏度
人均教育经费支出(元)	2369.68	1372.95	1666.31	262.31	2.37	1.47
人均医疗支出(元)	1369.04	818.70	1069.82	154.31	−0.63	0.42

（续表）

指标	极大值	极小值	均值	标准差	峰度	偏度
研发经费支出(万元)	2917649.00	85460.00	471267.94	705051.67	10.85	3.17
研发人员全时当量(人年)	33733.00	1744.00	7780.63	8360.45	6.20	2.42
普通高等学校数(所)	51.00	1.00	7.00	11.89	14.97	3.82
普通高等学校毕业生数(人)	145574.00	2000.00	20101.44	34339.03	14.08	3.68
拥有卫生机构人员数(人)	85926.00	10248.00	28413.50	19029.65	5.30	2.11
拥有卫生机构数(个)	3232.00	616.00	1652.25	747.12	0.06	0.80
拥有卫生机构床位数(张)	59050.00	7862.00	21712.19	13702.92	3.20	1.73
研发活动的单位数(个)	2040.00	459.00	1109.19	520.97	−1.32	0.42
专利申请数(件)	16491.00	941.00	3470.00	3843.02	9.60	2.93
有效发明专利数(件)	18465.00	643.00	3424.88	4808.87	6.76	2.64
形成国家行业标准数(项)	350.00	14.00	82.06	92.42	4.35	2.12
社会消费品零售总额(万元)	43782159	3409099	11163783.81	9599809.87	9.73	2.88
财政收入(万元)	7459934	635875	1810205	1638897	10.49	3.07
城镇居民可支配收入(元)	49010.00	31788.00	36969.44	4989.30	0.94	1.25
农村居民可支配收入(元)	23473.00	13079.00	16407.63	3498.87	0.21	1.21

由表可知，2019 年安徽 16 市人均教育经费支出极大值为 2369.68 元，极小值为 1372.95 元，数据呈现高度右偏分布，且呈现尖峰分布；2019 年安徽 16 市人均医疗支出极大值为 1369.04 元，极小值为 818.70 元，数据呈现轻微右偏分布，接近对称分布，且呈现扁平分布；2019 年安徽 16 市研发经费支出极大值为 2917649 万元，极小值为 85460 万元，数据呈现高度右偏分布，且呈现尖峰分布；2019 年安徽 16 市研发人员全时当量极大值为 33733 人年，极小值为 1744 人

年，数据呈现高度右偏分布，且呈现尖峰分布；2019 年安徽 16 市普通高等学校数极大值为 51 所，极小值为 1 所，数据呈现高度右偏分布，且呈现尖峰分布；2019 年安徽 16 市普通高等学校毕业生数极大值为 145574 人，极小值为 2000 人，数据呈现高度右偏分布，且呈现尖峰分布；2019 年安徽 16 市拥有卫生机构人员数极大值为 85926 人，极小值为 10248 人，数据呈现高度右偏分布，且呈现尖峰分布；2019 年安徽 16 市拥有卫生机构数极大值为 3232 个，极小值为 616 个，数据呈现轻微右偏分布，且呈现轻微尖峰分布，接近于正态分布；2019 年安徽 16 市拥有卫生机构床位数极大值为 59050 张，极小值为 7862 张，数据呈现高度右偏分布，且呈现尖峰分布；2019 年安徽 16 市研发活动的单位数极大值为 2040 个，极小值为 459 个，数据呈现轻微右偏分布，接近对称分布，且呈现扁平分布；2019 年安徽 16 市专利申请数极大值为 16491 件，极小值为 941 件，数据呈现高度右偏分布，且呈现尖峰分布；2019 年安徽 16 市有效发明专利数极大值为 18465 件，极小值为 643 件，数据呈现高度右偏分布，且呈现尖峰分布；2019 年安徽 16 市形成国家行业标准数极大值为 350 项，极小值为 14 项，数据呈现高度右偏分布，且呈现尖峰分布；2019 年安徽 16 市社会消费品零售总额极大值为 43782159 万元，极小值为 3409099 万元，数据呈现高度右偏分布，且呈现尖峰分布；2019 年安徽 16 市财政收入极大值为 1432.40 亿元，极小值为 112.60 亿元，数据呈现高度右偏分布，且呈现尖峰分布；2019 年安徽 16 市城镇居民可支配收入极大值为 49010 元，极小值为 31788 元，数据呈现高度右偏分布，且呈现尖峰分布；2019 年安徽 16 市农村居民可支配收入极大值为 23473 元，极小值为 13079 元，数据呈现高度右偏分布，且呈现轻微尖峰分布。

对 2019 年安徽人力资本竞争力进行主成分分析时，首先需要了解人均教育经费支出、人均医疗支出、研发经费支出等 17 个变量间的相关关系，具体可由相关系数矩阵反映，见表 3-14。由表中可以清晰地看出，除了人均教育经费支出与人均医疗支出相关系数较低，为 0.197 之外，其他变量相关系数都较高，说明 2019 年安徽人力资本系数变量之间存在较大的相关性，需要运用主成分分析对其进行降维处理。

运用 SPSS 软件对 2019 年安徽人力资本竞争力进行主成分分析时，对 16 个样本城市的 17 个人力资本变量进行公因子方差分析。结果显示，17 个变量的共性方差多数在 0.8 以上，说明从 17 个变量中提取的公因子能够代表原始变量信息，见表 3-15。

表 3-14　2019 年安徽人力资本相关系数矩阵

指标	人均教育经费支出	人均医疗支出	研发经费支出	研发人员全时当量	普通高等学校数	普通高等学校毕业生数	拥有卫生机构人员数	拥有卫生机构数	拥有卫生机构床位数	研发活动的单位数	专利申请数	有效发明专利数	形成国家行业标准数	社会消费品零售总额	财政收入	城镇居民可支配收入	农村居民可支配收入
人均教育经费支出	1.000	0.197	0.867	0.921	0.756	0.792	0.562	0.403	0.483	0.734	0.890	0.886	0.844	0.788	0.864	0.502	0.633
人均医疗支出	0.197	1.000	−0.189	−0.081	−0.286	−0.270	−0.297	−0.107	−0.302	0.208	−0.110	−0.135	−0.005	−0.233	−0.171	−0.082	0.012
研发经费支出	0.867	−0.189	1.000	0.970	0.959	0.974	0.759	0.488	0.678	0.643	0.985	0.970	0.830	0.943	0.983	0.632	0.684
研发人员全时当量	0.921	−0.081	0.970	1.000	0.877	0.908	0.693	0.444	0.618	0.731	0.972	0.985	0.827	0.894	0.959	0.638	0.723
普通高等学校数	0.756	−0.286	0.959	0.877	1.000	0.995	0.824	0.577	0.746	0.540	0.941	0.888	0.806	0.962	0.956	0.500	0.525
普通高等学校毕业生数	0.792	−0.270	0.974	0.908	0.995	1.000	0.800	0.541	0.722	0.552	0.953	0.919	0.805	0.957	0.966	0.516	0.555
拥有卫生机构人员数	0.562	−0.297	0.759	0.693	0.824	0.800	1.000	0.902	0.989	0.693	0.807	0.701	0.655	0.917	0.850	0.156	0.183
拥有卫生机构数	0.403	−0.107	0.488	0.444	0.577	0.541	0.902	1.000	0.915	0.645	0.580	0.445	0.484	0.725	0.624	−0.142	−0.071

（续表）

指标	人均教育经费支出	人均医疗支出	研发经费支出	研发人员全时当量	普通高等学校数	普通高等学校毕业生数	拥有卫生机构人员数	拥有卫生机构数	拥有卫生机构床位数	研发活动的单位数	专利申请数	有效发明专利数	形成国家行业标准数	社会消费品零售总额	财政收入	城镇居民可支配收入	农村居民可支配收入
拥有卫生机构床位数	0.483	−0.302	0.678	0.618	0.746	0.722	0.989	0.915	1.000	0.680	0.734	0.626	0.569	0.861	0.784	0.063	0.087
研发活动的单位数	0.734	0.208	0.643	0.731	0.540	0.552	0.693	0.645	0.680	1.000	0.749	0.688	0.700	0.692	0.725	0.313	0.385
专利申请数	0.890	−0.110	0.985	0.972	0.941	0.953	0.807	0.580	0.734	0.749	1.000	0.968	0.876	0.958	0.993	0.579	0.643
有效发明专利数	0.886	−0.135	0.970	0.985	0.888	0.919	0.701	0.445	0.626	0.688	0.968	1.000	0.815	0.895	0.959	0.644	0.740
形成国家行业标准数	0.844	−0.005	0.830	0.827	0.806	0.805	0.655	0.484	0.569	0.700	0.876	0.815	1.000	0.824	0.850	0.514	0.539
社会消费品零售总额	0.788	−0.233	0.943	0.894	0.962	0.957	0.917	0.725	0.861	0.692	0.958	0.895	0.824	1.000	0.980	0.437	0.482
财政收入	0.864	−0.171	0.983	0.959	0.956	0.966	0.850	0.624	0.784	0.725	0.993	0.959	0.850	0.980	1.000	0.526	0.588
城镇居民可支配收入	0.502	−0.082	0.632	0.638	0.500	0.516	0.156	−0.142	0.063	0.313	0.579	0.644	0.514	0.437	0.526	1.000	0.936
农村居民可支配收入	0.633	0.012	0.684	0.723	0.525	0.555	0.183	−0.071	0.087	0.385	0.643	0.740	0.539	0.482	0.588	0.936	1.000

表 3-15 2019 年安徽 16 市人力资本公因子方差

	初始	提取
人均教育经费支出	1.000	0.912
人均医疗支出	1.000	0.913
研发经费支出	1.000	0.985
研发人员全时当量	1.000	0.966
普通高等学校数	1.000	0.939
普通高等学校毕业生数	1.000	0.946
拥有卫生机构人员数	1.000	0.980
拥有卫生机构数	1.000	0.924
拥有卫生机构床位数	1.000	0.960
研发活动的单位数	1.000	0.821
专利申请数	1.000	0.996
有效发明专利数	1.000	0.961
形成国家行业标准数	1.000	0.792
社会消费品零售总额	1.000	0.987
财政收入	1.000	0.994
城镇居民可支配收入	1.000	0.865
农村居民可支配收入	1.000	0.906

表 3-16 为安徽 16 市 17 个变量初始特征值、方差贡献率，以及提取三个公因子后的特征值、方差贡献率。由表可知，第一成分、第二成分、第三成分初始特征值分别为 12.048、2.434 与 1.365，前三个数值均高于 1，从第四成分开始数值小于 1。因此，选取三个公共因子能够得到 93.216%的累计贡献率，同时能够解释约 93%的总方差。

表 3-16 2019 年安徽人力资本解释的总方差

成分	初始特征值			提取平方和载入		
	合计	方差的 %	累积 %	合计	方差的 %	累积 %
1	12.048	70.872	70.872	12.048	70.872	70.872
2	2.434	14.316	85.188	2.434	14.316	85.188
3	1.365	8.028	93.216	1.365	8.028	93.216
4	0.471	2.770	95.986			
5	0.263	1.545	97.531			
6	0.228	1.342	98.873			

（续表）

成分	初始特征值			提取平方和载入		
	合计	方差的 %	累积 %	合计	方差的 %	累积 %
7	0.097	0.572	99.445			
8	0.036	0.211	99.656			
9	0.028	0.162	99.817			
10	0.014	0.084	99.901			
11	0.008	0.048	99.949			
12	0.006	0.037	99.986			
13	0.001	0.008	99.994			
14	0.001	0.004	99.998			
15	0.000	0.002	100.000			
16	−1.848E−17	−1.087E−16	100.000			
17	−2.779E−16	−1.635E−15	100.000			

提取方法：主成分分析。

选取安徽人力资本主成分也可以借助碎石图，如图 3 - 4 所示，碎石图从 3、4 开始呈现出明显的变化趋势，由陡峭趋向于平稳，图中 3、4 都是较为明显的转折点，所以选取前三个主成分是合理的。

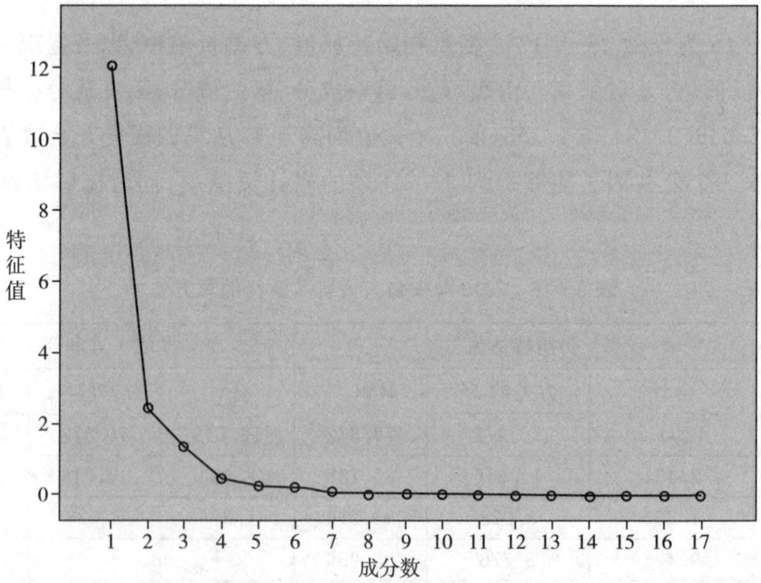

图 3 - 4　2019 年安徽人力资本主成分分析碎石图

第一主成分、第二主成分、第三主成分与17个原始变量之间的关系见表3-17。

表3-17　2019年安徽16市人力资本成分矩阵

	成分		
	1	2	3
人均教育经费支出	0.869	0.235	0.319
人均医疗支出	−0.153	0.254	0.908
研发经费支出	0.979	0.130	−0.099
研发人员全时当量	0.961	.0204	0.038
普通高等学校数	0.947	−0.049	−0.202
普通高等学校毕业生数	0.955	−0.003	−0.186
拥有卫生机构人员数	0.844	−0.514	−0.051
拥有卫生机构数	0.627	−0.707	0.178
拥有卫生机构床位数	0.776	−0.597	−0.036
研发活动的单位数	0.753	−0.118	0.491
专利申请数	0.996	0.057	0.026
有效发明专利数	0.959	0.199	0.029
形成国家行业标准数	0.871	0.100	0.152
社会消费品零售总额	0.977	−0.170	−0.069
财政收入	0.997	−0.022	−0.024
城镇居民可支配收入	0.556	0.719	−0.198
农村居民可支配收入	0.616	0.722	−0.077

借助第一主成分、第二主成分、第三主成分特征根以及安徽16市17个原始变量成分矩阵中的各主成分，分别可以得到第一主成分(y_1)的表达式：

y_1＝3.99×Z人均教育经费支出－22.69×Z人均医疗支出＋3.55×Z研发经费支出＋3.61×Z研发人员全时当量＋3.67×Z普通高等学校数＋3.63×Z普通高等学校毕业生数＋4.11×Z拥有卫生机构人员数＋5.54×Z拥有卫生机构数＋4.47×Z拥有卫生机构床位数＋4.61×Z研发活动的单位数＋3.48×Z专利申请数＋3.62×Z有效发明专利数＋3.99×Z形成国家行业标准数＋3.55×Z社会消费品零售总额＋3.48×Z财政收入＋6.24×Z城镇居民可支配收入＋5.63×Z农村居民可支配收入

第二主成分(y_2)的表达式：

y_2＝6.64×Z人均教育经费支出＋6.14×Z人均医疗支出＋12.00×Z研发经

费支出＋76.48×Z研发人员全时当量－31.84×Z普通高等学校数－520.04×Z普通高等学校毕业生数－3.04×Z拥有卫生机构人员数－2.21×Z拥有卫生机构数－2.61×Z拥有卫生机构床位数－13.22×Z研发活动的单位数＋27.37×Z专利申请数＋7.84×Z有效发明专利数＋15.60×Z形成国家行业标准数－9.18×Z社会消费品零售总额－70.91×Z财政收入＋2.17×Z城镇居民可支配收入＋2.16×Z农村居民可支配收入

第三主成分(y_3)的表达式：

y_3＝3.66×Z人均教育经费支出＋1.29×Z人均医疗支出－11.80×Z研发经费支出＋30.75×Z研发人员全时当量－5.78×Z普通高等学校数－6.28×Z普通高等学校毕业生数－22.91×Z拥有卫生机构人员数＋6.56×Z拥有卫生机构数－32.45×Z拥有卫生机构床位数＋2.38×Z研发活动的单位数＋44.94×Z专利申请数－40.29×Z有效发明专利数＋7.69×Z形成国家行业标准数－16.93×Z社会消费品零售总额－48.68×Z财政收入－5.90×Z城镇居民可支配收入－15.17×Z农村居民可支配收入

通过第一、二、三主成分公式，可计算得到安徽16市人力资本竞争力综合得分，具体见表3-18。

表3-18 2019年安徽16市人力资本竞争力综合得分表

城市	F_1	F_2	F_3	综合得分
合肥	－206.27	1878.55	335.74	149.70
淮北	－4.76	145.75	61.90	22.46
亳州	－13.60	215.27	12.35	22.17
宿州	－9.31	138.87	6.22	13.78
蚌埠	7.67	80.34	－3.76	16.64
阜阳	17.33	55.42	－69.92	14.60
淮南	－7.64	12.00	15.19	－2.48
滁州	－31.80	95.13	38.32	－5.84
六安	－30.04	117.45	41.28	－1.16
马鞍山	26.32	134.41	3.08	38.14
芜湖	48.63	－139.33	－62.91	9.47
宣城	－49.77	322.16	51.41	14.97
铜陵	－27.69	148.45	52.52	5.84
池州	－55.76	189.03	78.16	－6.18
安庆	－9.45	149.01	47.16	18.42
黄山	－66.39	214.59	64.74	－11.13

通过对2019年安徽人力资本竞争力分析发现，合肥人力资本竞争力以高于平均值149.7位居第一名，合肥的教育支出1940527万元，医疗支出757755万元，研发经费支出与研发人员全时当量分别为2917649万元、33733人年，普通高等学校数与普通高等学校毕业生数分别为51所、145574人，拥有卫生机构人员数与拥有卫生机构数分别为85926人、3232个，拥有卫生机构床位数59050张，有研发活动的单位数2040个，专利申请与有效发明专利数分别为16491件、18465件，形成国家行业标准数350项，社会消费品零售总额43782159万元，财政收入7459934万元，这些指标远远超过其他城市，优势非常突出。

马鞍山人力资本竞争力以高于平均值38.14位居第二名，马鞍山的城镇居民可支配收入与农村居民可支配收入等指标远远超过除合肥外的其他城市，这对人力资本竞争力的形成非常重要。淮北、亳州、六安、蚌埠、宣城、阜阳、宿州、芜湖、铜陵人力资本竞争力高于平均值22.46、22.17、18.42、16.64、14.97、14.6、13.78、9.47、5.84，分别位居第三名、第四名、第五名、第六名、第七名、第八名、第九名、第十名、第十一名。安庆、淮南、滁州、池州、黄山低于平均值1.16、2.48、5.84、6.18、11.13，分别位居第十二名、第十三名、第十四名、第十五名、第十六名，如图3-5所示。

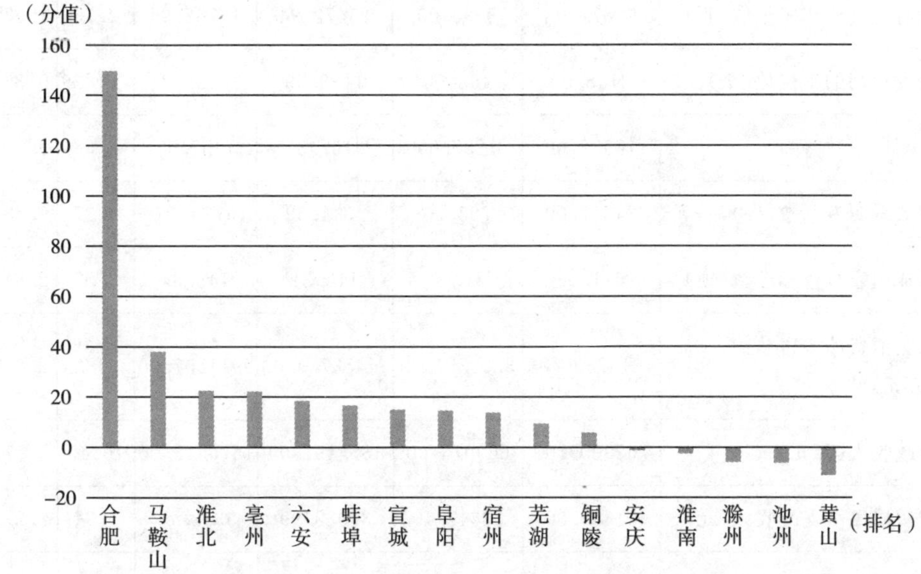

图3-5　2019年安徽16市人力资本竞争力综合排名

（三）2020年人力资本竞争力分析

对搜集到的2020年17个三级指标数据从极大值、极小值、均值、标准差、峰度、偏度等方面进行描述性分析，见表3-19。

表3-19 2020年安徽人力资本数据描述性统计量

指标	极大值	极小值	均值	标准差	峰度	偏度
人均教育经费支出(元)	2233.14	1501.71	1838.35	212.26	−0.85	0.30
人均医疗支出(元)	1585.28	923.91	1269.45	198.94	−0.98	0.08
研发经费支出(万元)	3534780.00	106062.00	551989.60	848632.10	11.58	3.29
研发人员全时当量(人年)	35780.00	1831.00	8749.25	8806.97	5.86	2.36
普通高等学校数(所)	52.00	1.00	7.19	12.11	15.01	3.83
普通高等学校毕业生数(人)	144656.00	2475.00	20427.50	34095.33	13.88	3.65
拥有卫生机构人员数(人)	90133.00	11285.00	31451.63	20301.30	4.11	1.85
拥有卫生机构数(个)	3498.00	647.00	1836.94	826.05	−0.39	0.57
拥有卫生机构床位数(张)	67871.00	8980.00	25479.94	15762.94	2.75	1.57
研发活动的单位数(个)	2148.00	493.00	1152.50	549.32	−1.29	0.36
专利申请数(件)	18982.00	1258.00	4167.31	4457.57	8.68	2.78
有效发明专利数(件)	24647.00	782.00	4341.69	6174.07	8.37	2.83
形成国家行业标准数(项)	611.00	21.00	113.31	148.34	9.07	2.84
社会消费品零售总额(万元)	45137605.00	3503257.00	11458719.00	9911507.00	9.73	2.88
财政收入(万元)	7629009.00	669073.00	1854191.00	1676515.00	10.45	3.07
城镇居民可支配收入(元)	51803.60	33647.40	39022.99	5332.77	0.94	1.27
农村居民可支配收入(元)	25421.00	14256.00	17759.94	3744.68	0.26	1.23

由表可知,2020年安徽16市人均教育经费支出极大值为2233.14元,极小值为1501.71元,数据呈现轻微右偏分布,接近对称分布,且呈现扁平分布;2020年安徽16市人均医疗支出极大值为1585.28元,极小值为923.91元,数据呈现轻微

右偏分布，接近对称分布，且呈现扁平分布；2020 年安徽 16 市研发经费支出极大值为 3534780 万元，极小值为 106062 万元，数据呈现高度右偏分布，且呈现尖峰分布；2020 年安徽 16 市研发人员全时当量极大值为 35780 人年，极小值为 1831 人年，数据呈现高度右偏分布，且呈现尖峰分布；2020 年安徽 16 市普通高等学校数极大值为 52 所，极小值为 1 所，数据呈现高度右偏分布，且呈现尖峰分布；2020 年安徽 16 市普通高等学校毕业生数极大值为 144656 人，极小值为 2475 人，数据呈现高度右偏分布，且呈现尖峰分布；2020 年安徽 16 市拥有卫生机构人员数极大值为 90133 人，极小值为 11285 人，数据呈现高度右偏分布，且呈现尖峰分布；2020 年安徽 16 市拥有卫生机构数极大值为 3498 个，极小值为 647 个，数据呈现轻微右偏分布，且呈现轻微扁平分布，接近于正态分布；2020 年安徽 16 市拥有卫生机构床位数极大值为 67871 张，极小值为 8980 张，数据呈现高度右偏分布，且呈现尖峰分布；2020 年安徽 16 市研发活动的单位数极大值为 2148 个，极小值为 493 个，数据呈现轻微右偏分布，接近对称分布，且呈现扁平分布；2020 年安徽 16 市专利申请数极大值为 18982 件，极小值为 1258 件，数据呈现高度右偏分布，且呈现尖峰分布；2020 年安徽 16 市有效发明专利数极大值为 24647 件，极小值为 782 件，数据呈现高度右偏分布，且呈现尖峰分布；2020 年安徽 16 市形成国家行业标准数极大值为 611 项，极小值为 21 项，数据呈现高度右偏分布，且呈现尖峰分布；2020 年安徽 16 市社会消费品零售总额极大值为 45137605 万元，极小值为 3503257 万元，数据呈现高度右偏分布，且呈现尖峰分布；2020 年安徽 16 市财政收入极大值为 7629009 万元，极小值为 669073 万元，数据呈现高度右偏分布，且呈现尖峰分布；2020 年安徽 16 市城镇居民可支配收入极大值为 51803.6 元，极小值为 33647.4 元，数据呈现高度右偏分布，且呈现尖峰分布；2020 年安徽 16 市农村居民可支配收入极大值为 25421 元，极小值为 14256 元，数据呈现高度右偏分布，且呈现轻微尖峰分布。

对 2020 年安徽人力资本竞争力进行主成分分析时，首先需要了解 17 个变量间的相关关系，具体可由相关系数矩阵反映，见表 3-20。由表中可以清晰地看出，研发经费支出与其他 16 个变量相关系数均大于 0.3，说明 2020 年安徽人力资本变量之间存在较强的相关性，需要借助主成分分析对人力资本指标进行降维处理。

运用 SPSS 软件对 2020 年安徽人力资本竞争力进行主成分分析时，对 16 个样本城市的 17 个人力资本变量进行公因子方差分析。结果显示，17 个变量的共性方差多数在 0.7 以上，如果对安徽人力资本提取公因子的话，能够很好地代表原始变量信息，见表 3-21。

表3-20 2020年安徽人力资本相关系数矩阵

指标	人均教育经费支出	人均医疗支出	研发经费支出	研发人员全时当量	普通高等学校数	普通高等学校毕业生数	拥有卫生机构人员数	拥有卫生机构数	拥有卫生机构床位数	研发活动的单位数	专利申请数	有效发明专利数	形成国家行业标准数	社会消费品零售总额	财政收入	城镇居民可支配收入	农村居民可支配收入
人均教育经费支出	1.000	0.069	0.503	0.594	0.394	0.448	0.126	0.098	0.116	0.441	0.548	0.543	0.580	0.333	0.455	0.301	0.425
人均医疗支出	0.069	1.000	−0.488	−0.452	−0.506	−0.510	−0.667	−0.485	−0.674	−0.308	−0.461	−0.441	−0.344	−0.620	−0.517	−0.134	−0.131
研发经费支出	0.503	−0.488	1.000	0.963	0.967	0.982	0.732	0.475	0.692	0.631	0.977	0.980	0.939	0.918	0.978	0.638	0.676
研发人员全时当量	0.594	−0.452	0.963	1.000	0.876	0.913	0.662	0.430	0.632	0.734	0.973	0.981	0.903	0.863	0.957	0.652	0.725
普通高等学校数	0.394	−0.506	0.967	0.876	1.000	0.994	0.786	0.546	0.737	0.533	0.925	0.918	0.918	0.934	0.947	0.513	0.529
普通高等学校毕业生数	0.448	−0.510	0.982	0.913	0.994	1.000	0.764	0.516	0.719	0.553	0.945	0.947	0.919	0.930	0.961	0.538	0.570
拥有卫生机构人员数	0.126	−0.667	0.732	0.662	0.786	0.764	1.000	0.906	0.995	0.676	0.776	0.720	0.710	0.938	0.824	0.123	0.146
拥有卫生机构数	0.098	−0.485	0.475	0.430	0.546	0.516	0.906	1.000	0.920	0.615	0.568	0.490	0.507	0.762	0.612	−0.150	−0.084

（续表）

指标	人均教育经费支出	人均医疗支出	研发经费支出	研发人员全时当量	普通高等学校数	普通高等学校毕业生数	拥有卫生机构人员数	拥有卫生机构数	拥有卫生机构床位数	研发活动的单位数	专利申请数	有效发明专利数	形成国家行业标准数	社会消费品零售总额	财政收入	城镇居民可支配收入	农村居民可支配收入
拥有卫生机构床位数	0.116	−0.674	0.692	0.632	0.737	0.719	0.995	0.920	1.000	0.685	0.748	0.691	0.665	0.916	0.795	0.086	0.119
研发活动的单位数	0.441	−0.308	0.631	0.734	0.533	0.553	0.676	0.615	0.685	1.000	0.764	0.703	0.673	0.710	0.734	0.330	0.375
专利申请数	0.548	−0.461	0.977	0.973	0.925	0.945	0.776	0.568	0.748	0.764	1.000	0.988	0.944	0.934	0.988	0.591	0.650
有效发明专利数	0.543	−0.441	0.980	0.981	0.918	0.947	0.720	0.490	0.691	0.703	0.988	1.000	0.930	0.903	0.978	0.640	0.707
形成国家行业标准数	0.580	−0.344	0.939	0.903	0.918	0.919	0.710	0.507	0.665	0.673	0.944	0.930	1.000	0.872	0.919	0.592	0.611
社会消费品零售总额	0.333	−0.620	0.918	0.863	0.934	0.930	0.938	0.762	0.916	0.710	0.934	0.903	0.872	1.000	0.962	0.376	0.423
财政收入	0.455	−0.517	0.978	0.957	0.947	0.961	0.824	0.612	0.795	0.734	0.988	0.978	0.919	0.962	1.000	0.541	0.593
城镇居民可支配收入	0.301	−0.134	0.638	0.652	0.513	0.538	0.123	−0.150	0.086	0.330	0.591	0.640	0.592	0.376	0.541	1.000	0.944
农村居民可支配收入	0.425	−0.131	0.676	0.725	0.529	0.570	0.146	−0.084	0.119	0.375	0.650	0.707	0.611	0.423	0.593	0.944	1.000

表 3-21 2020 年安徽 16 市人力资本公因子方差

	初始	提取
人均教育经费支出	1.000	0.828
人均医疗支出	1.000	0.729
研发经费支出	1.000	0.981
研发人员全时当量	1.000	0.964
普通高等学校数	1.000	0.905
普通高等学校毕业生数	1.000	0.926
拥有卫生机构人员数	1.000	0.988
拥有卫生机构数	1.000	0.913
拥有卫生机构床位数	1.000	0.979
研发活动的单位数	1.000	0.693
专利申请数	1.000	0.995
有效发明专利数	1.000	0.982
形成国家行业标准数	1.000	0.919
社会消费品零售总额	1.000	0.993
财政收入	1.000	0.985
城镇居民可支配收入	1.000	0.906
农村居民可支配收入	1.000	0.905

接着分析 2020 年安徽 16 市人力资本赋能解释的总方差，表 3-22 为安徽 16 市 17 个变量初始特征值、方差贡献率，以及提取三个公因子后的特征值、方差贡献率。由表可知，第一成分远远高于 1，达到 11.911；第二、三成分也大于 1，分别为 2.647、1.032；第四成分开始，其初始特征值小于 1。在此选择三个公因子可以得到约 92%的累计贡献率，同时能够解释大约 92%的总方差。

表 3-22 2020 年安徽 16 市人力资本解释的总方差

成分	初始特征值			提取平方和载入		
	合计	方差的 %	累积 %	合计	方差的 %	累积 %
1	11.911	70.062	70.062	11.911	70.062	70.062
2	2.647	15.572	85.634	2.647	15.572	85.634
3	1.032	6.070	91.704	1.032	6.070	91.704
4	0.590	3.471	95.175			
5	0.454	2.668	97.843			
6	0.168	0.987	98.830			

（续表）

成分	初始特征值			提取平方和载入		
	合计	方差的 %	累积 %	合计	方差的 %	累积 %
7	0.109	0.641	99.471			
8	0.031	0.182	99.653			
9	0.027	0.159	99.812			
10	0.018	0.106	99.917			
11	0.007	0.041	99.958			
12	0.004	0.024	99.982			
13	0.002	0.012	99.994			
14	0.001	0.004	99.998			
15	0.000	0.002	100.000			
16	0.000	0.000	100.000			
17	0.000	0.000	100.000			

提取方法：主成分分析。

选取安徽人力资本主成分也可以借助碎石图，如图 3 - 6 所示。碎石图从第 3、4 点开始由陡峭趋向于平稳，图中 3、4 都是较为明显的转折点，所以选取前三个主成分是合理的。

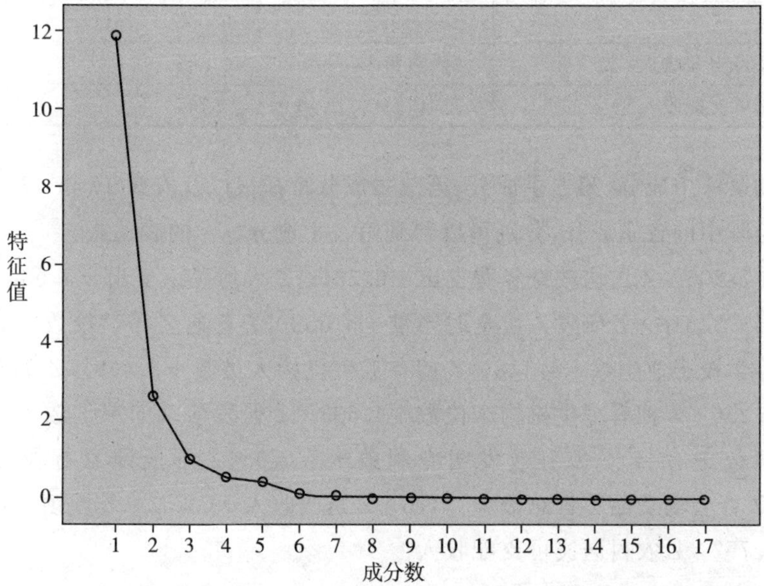

图 3 - 6　2020 年安徽人力资本主成分分析碎石图

第一主成分、第二主成分、第三主成分与17个原始变量之间的关系见表3-23所示。

表3-23 2020年安徽16市人力资本成分矩阵

	成分		
	1	2	3
人均教育经费支出	0.479	0.428	0.645
人均医疗支出	−0.546	0.422	0.502
研发经费支出	0.976	0.156	−0.066
研发人员全时当量	0.954	0.229	0.042
普通高等学校数	0.945	0.010	−0.110
普通高等学校毕业生数	0.957	0.058	−0.090
拥有卫生机构人员数	0.838	−0.533	−0.037
拥有卫生机构数	0.631	−0.691	0.191
拥有卫生机构床位数	0.811	−0.567	−0.020
研发活动的单位数	0.745	−0.103	0.356
专利申请数	0.991	0.097	0.067
有效发明专利数	0.975	0.176	0.013
形成国家行业标准数	0.938	0.154	0.120
社会消费品零售总额	0.969	−0.230	−0.039
财政收入	0.993	0.008	−0.006
城镇居民可支配收入	0.552	0.704	−0.326
农村居民可支配收入	0.600	0.707	−0.213

借助第一主成分、第二主成分、第三主成分特征根以及安徽16市17个原始变量成分矩阵中的各主成分，分别可以得到第一主成分(y_1)的表达式：

y_1＝7.205×Z人均教育经费支出－6.321×Z人均医疗支出＋3.536×Z研发经费支出＋3.618×Z研发人员全时当量＋3.652×Z普通高等学校数＋3.606×Z普通高等学校毕业生数＋4.118×Z拥有卫生机构人员数＋5.469×Z拥有卫生机构数＋4.256×Z拥有卫生机构床位数＋4.633×Z研发活动的单位数＋3.483×Z专利申请数＋3.540×Z有效发明专利数＋3.679×Z形成国家行业标准数＋3.562×Z社会消费品零售总额＋3.476×Z财政收入＋6.252×Z城镇居民可支配收入＋5.752×Z农村居民可支配收入

第二主成分(y_2)的表达式：

y_2＝3.808×Z人均教育经费支出＋3.863×Z人均医疗支出＋10.449×Z研

发经费支出＋7.118×Z研发人员全时当量＋163.000×Z普通高等学校数＋28.103×Z普通高等学校毕业生数－3.058×Z拥有卫生机构人员数－2.359×Z拥有卫生机构数－2.875×Z拥有卫生机构床位数－15.825×Z研发活动的单位数＋16.804×Z专利申请数＋9.261×Z有效发明专利数＋10.584×Z形成国家行业标准数－7.087×Z社会消费品零售总额＋203.750×Z财政收入＋2.315×Z城镇居民可支配收入＋2.306×Z农村居民可支配收入

第三主成分(y_3)的表达式：

y_3＝1.581×Z人均教育经费支出＋2.032×Z人均医疗支出－15.455×Z研发经费支出＋24.286×Z研发人员全时当量－9.273×Z普通高等学校数－11.333×Z普通高等学校毕业生数－27.568×Z拥有卫生机构人员数＋5.340×Z拥有卫生机构数－51.000×Z拥有卫生机构床位数＋2.865×Z研发活动的单位数＋15.224×Z专利申请数＋78.462×Z有效发明专利数＋8.500×Z形成国家行业标准数－26.154×Z社会消费品零售总额－170.00×Z财政收入－3.129×Z城镇居民可支配收入－4.789×Z农村居民可支配收入

通过第一、二、三主成分公式，可计算得到安徽城市人力资本竞争力综合得分，具体见表3－24。

表3－24　2020年安徽城市人力资本竞争力得分表

城市	F_1	F_2	F_3	综合得分
合肥	193.69	1520.30	－608.04	335.54
淮北	－33.91	－202.04	123.31	－47.73
亳州	－26.54	－181.01	－2.68	－46.94
宿州	－21.20	－170.89	－26.27	－43.06
蚌埠	－1.51	－66.22	－11.97	－12.10
阜阳	6.57	－76.74	－161.14	－17.13
淮南	－35.82	－137.44	56.86	－43.05
滁州	3.35	－16.40	－21.30	－1.50
六安	－13.55	－129.64	30.57	－27.83
马鞍山	14.82	－14.08	72.32	12.58
芜湖	62.91	265.79	－21.67	84.15
宣城	－19.99	－122.60	83.34	－28.04
铜陵	－36.97	－171.08	151.16	－43.37
池州	－50.31	－206.40	160.00	－57.68
安庆	5.15	－99.97	43.95	－9.29
黄山	－46.67	－191.58	131.57	－54.54

通过对2020年安徽人力资本竞争力分析发现，与2019年相比，合肥人力资本竞争力以高于平均值335.54位居第一名，合肥的教育支出达1975427万元，医疗支出达866015万元，研发经费支出与研发人员全时当量分别为3534780万元、35780人年，普通高等学校数与普通高等学校毕业生数分别为52所、144656人，形成国家行业标准数611项，社会消费品零售总额45137605万元，财政收入7629009亿元，这些指标远远超过其他城市，优势更加突出。

芜湖高于平均值84.15，从2019年的第10名提升至2020年的第2名；马鞍山高于平均值12.58，从2019年的第2名下降至2020年的第3名；滁州低于均值1.5，从2019年的第14名提升至2020年的第4名，提升速度最快；安庆、蚌埠分别低于均值9.29、12.1，与2019年名次持平，分别位居第5名与第6名；阜阳低于均值17.13，从2019年的第8名提升至2020年的第7名；六安低于均值27.83，从2019年的第12名提升至2020年的第8名；宣城低于均值28.04，从2019年的第7名下降至2020年的第9名；淮南低于均值43.05，从2019年的第13名提升至2020年的第10名；宿州低于均值43.06，从2019年的第9名降至2020年的第11名；铜陵低于均值43.37，从2019年的第11名降至2020年的第12名；亳州名次也出现了下滑趋势，低于均值46.94位居第13名，相比2019年下滑了9名；淮北低于均值47.73，从2019年的第3名降至2020年的第14名，下降速度最快；黄山低于均值54.54，从2019年的第16名提升至2020年的第15名；池州低于均值57.68，从2019年的第15名降至2020年的第16名，具体如图3-7所示。

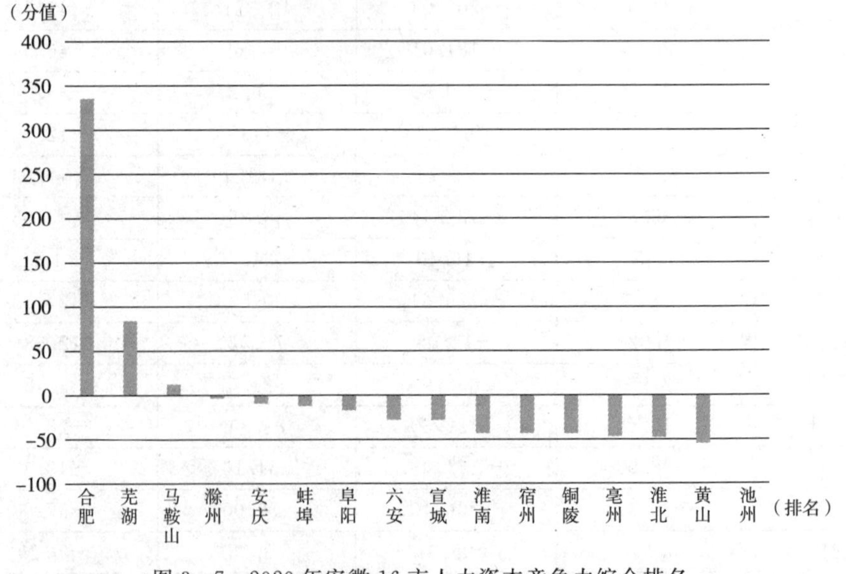

图3-7 2020年安徽16市人力资本竞争力综合排名

第四章 产业资本引导长三角高质量一体化发展

产业资本对引导长三角高质量一体化的示范效应和辐射效应较为明显，分析长三角产业发展现状以及产业创新演化博弈仿真模拟，有助于提升安徽产业资本竞争力。

第一节 产业创新演化博弈模型构建

面对全球经济呈现的“结构性减速”，中央提出了从依靠要素与投资为主转向科技创新驱动上的国家发展战略。制造业是集合了大量的新专利、新技术与新产品应用的领域，其科技创新能力是推动经济高质量发展的关键，对于构建现代化经济体系举足轻重。从国内发展来看，长江三角洲区域一体化已上升为国家战略，而地方自由竞争带来的市场分割、各自为政的后果严重影响了科技发展中的协同创新，致使制造企业之间合作乏力。当前全球经济持续低迷，且某些关键核心技术、生产流程中的关键环节与关键零部件受制于人的局面没有得到彻底扭转。如何在不同领域实现“1＋1＞2”的协同创新效应，带动经济高质量发展，是当前制造业面临的普遍难题。因此，避免产业链中断风险，实现经济高质量发展，突破口在于提升产业链供应链现代化水平，强化上下游企业协同创新，加快核心技术攻关，培育产业链中的创新竞争优势。

现有文献对链合创新研究已经取得了一定成果，主要是链合协同创新概念与机制研究。链合创新指企业与产业链中的其他上下游企业建立信息共享机制，共同参与研究开发，通过上下游企业间的技术转移实现整个产业链的创新(马朝良，2019)。产业链创新是协同创新的重要组成部分，协同效应是产业链创新研究的关键路径(刘国巍，邵云飞，2020)。纵向产业链合作创新作为一种常见的创新模式，上下游企业之间有效的知识共享与合作有助于提高创新效率(Dyer J H ,Hatch N W,2006)，还能够促进产业链协同创新推动产业优化升级(王丽丽，陈国宏，2016)。刘志迎等构建了由上游供应商与下游制造商组成的双层产业结构，认为合作创新要比非合作创新要产生更多利润。李文鹣等(2020)以新能源汽车上游企业与下游企业为研究对象，构建了整车企业与电池企业为主体的演化博弈模型，发现企业作为产业链合作创新的主体，其行为选择会受到多种政策配合的影响。

现有的产业链研究对协同创新发展有一定的参考价值，但还存在以下问题：第一，多数研究都是以产业链中上游企业与下游企业作为博弈主体，未对政府参与协同创新进行详细分析，事实上，上下游企业博弈稳定点受政府政策与资金支持力度影响很大；第二，多数研究视上游企业与下游企业处于同等创新地位，事实上，上游企业更注重研发，而多数研究未能对上游企业牵头的协同创新进行演化博弈研究。基于此，本章在演化博弈模型中引入政府因素，考虑政策及资金支持对博弈结果的影响，构建政府引导、上游企业牵头、下游企业参与的协同创新机制。

(一)演化博弈模型假设

链合创新是协同创新的一种表现形式，除了链合协同创新的直接参与主体上游企业和下游企业外，政府在链合创新中发挥了重要作用。政府在获得企业因研发收入缴纳的税收的同时，也为上下游企业提供协同创新优惠政策，监督企业间的协同创新过程，比如通过定期考核上下游企业协同创新绩效来判断后续是否继续给予资助。基于此，做出以下假设：

假设1：参与主体。增强长三角制造业产业链自主可控能力过程中，为方便研究，产业链内企业简单分为两部分：一是上游企业，它的参与可以解决创新的科学导向问题；二是下游企业，它的参与可以解决创新的产业化导向问题。因此，在长三角制造业产业链创新过程中有三类参与主体，分别为政府(G)、上游企业(T)、下游企业(D)。上游企业与下游企业作为产业链创新的主体，能够为社会提供技术创新服务，其中上游企业主要负责协同创新知识、技术的输出，下游企业主要负责提供协同创新成果的转化；政府作为产业链协同创新的监督主体，旨在为社会提供政策支持和公共服务，推动上下游企业协同创新合作。由于政府、上游企业、下游企业存在认知差异、信息不对称等问题，因此假定政府、上游企业与下游企业是建立在有限理性基础上进行博弈分析的。

假设2：合作策略。在长三角制造业产业链主体收益分配过程中，上下游企业基于经济人假设选择自身利益最大化，上游企业与下游企业可以选择协同，也可以选择不协同,其策略集合为(协同,不协同),其中协同是指上游企业与下游企业共同进行关键技术研发,不协同是指上游企业与下游企业分别开展关键共性计划研发。政府基于公共利益视角考虑最大化,对上下游企业的策略集合为(监督,不监督),其中政府监督是指政府创造条件积极推动上下游企业共同开展关键共性技术研发,不监督是指政府对上下游企业间开展协同创新漠不关心。

假设3:项目收益。假设政府对上游企业、下游企业选择不进行监督所获得的收益为 E_0^G,上游企业与下游企业选择不协同,那么上游企业与下游企业初始收益分别为 E_0^T 和 E_0^D。如果政府选择对上下游企业进行监督,政府、上游企业、下游企业提高的收益幅度分别为 ΔE_1^G、ΔE_1^T 和 ΔE_1^D。假设下游企业不选择协同创新而是单独研发,收益为 ΔE_2^D。假设只有下游企业选择协同创新时,上游企业单独研发获取的收益为 ΔE_2^T。政府鼓励企业参与协同创新,奖励幅度为 ΔE_2^G。

假设4:项目成本。政府虽不会直接参与协同创新过程,但作为企业创新行为的监督主体,为吸引企业投资和保障公众利益,提供包含融资、建设与运营等方面的配套政策,付出的成本记为 C_1。上游企业与下游企业协同创新投入的成本记为 C_2 和 C_3。如果政府对上下游企业协同创新提供优惠政策,上下游企业协同创新成本降低,其幅度分别为 ΔC^T 和 ΔC^D。

假设5:惩罚机制。为避免上游企业与下游企业在协同创新过程中出现违约现象,如果上游企业选择协同创新而下游企业选择不进行协同创新时,下游企业需要向上游企业支付一定的惩罚 M;如果下游企业选择协同创新而上游企业选择不进行协同创新时,上游企业需要向下游企业支付一定的惩罚 N。

假设6:净收益。政府选择对协同创新进行监督所带来的净收益高于选择不进行监督时的净收益,即 $\Delta E_1^G - C_1 - \Delta E_2^G > 0$。上游企业选择进行协同创新带来的净收益高于不进行协同创新时的净收益,即 $\Delta E_1^T + N - \Delta E_2^T - C_2 > 0$。下游企业选择进行协同创新带来的净收益高于不进行协同创新时的净收益,即 $\Delta E_1^D + M - \Delta E_2^D - C_3 > 0$。

(二)支付矩阵构建

在博弈模型中,政府、上游企业与下游企业根据自身意愿进行策略选择,假设政府以 $x \in [0,1]$ 的概率选择对上游企业与下游企业进行监督,以 $(1-x)$ 的概率选择不进行监督,上游企业、下游企业选择进行协同的概率分别为 $y \in [0,1]$、$z \in [0,1]$,选择不进行协同的概率分别为 $(1-y)$、$(1-z)$。基于此,可分别得到政府参与及不参与下的产业链协同创新演化博弈支付矩阵,具体见表4-1、表4-2。

表 4-1 政府参与下的产业链协同创新演化博弈支付矩阵

策略		下游企业	
		协同(z)	不协同($1-z$)
上游企业	协同(y)	$E_0^G+\Delta E_1^G-C_1-\Delta E_2^G$	$E_0^G+\Delta E_1^G-C_1-\Delta E_2^G$
		$E_0^T+\Delta E_1^T-C_2+\Delta C^T+\Delta E_2^G$	$E_0^T-C_2+\Delta C^T+\Delta E_2^G+M$
		$E_0^D+\Delta E_1^D-C_3+\Delta C^D$	$E_0^D+\Delta E_2^D-M$
	不协同($1-y$)	$E_0^G+\Delta E_1^G-C_1$	$E_0^G+\Delta E_1^G-C_1$
		$E_0^T+\Delta E_2^T-N$	E_0^T
		$E_0^D-C_3+\Delta C^D+N$	E_0^D

表 4-2 政府不参与下的产业链协同创新演化博弈支付矩阵

策略		下游企业	
		协同(z)	不协同($1-z$)
上游企业	协同(y)	E_0^G	E_0^G
		$E_0^T+\Delta E_1^T-C_2$	$E_0^T-C_2+M$
		$E_0^D+\Delta E_1^D-C_3$	$E_0^D+\Delta E_2^D-M$
	不协同($1-y$)	E_0^G	E_0^G
		$E_0^T+\Delta E_2^T-N$	E_0^T
		$E_0^D-C_3+N$	E_0^D

第二节 产业创新演化博弈稳定性分析

基于构建的产业创新演化博弈模型，构建政府、上游企业与下游企业收益期望函数，求解政府、上游企业与下游企业演化稳定策略，进而根据雅克比矩阵的特征值对均衡点进行稳定性分析。

(一)收益期望函数构建

根据产业链协同创新演化博弈支付矩阵，可计算出政府在博弈时选择“监督”策略的期望收益 U_{G1}、选择不监督策略的期望收益 U_{G2} 和平均期望收益 $\overline{U}_G$ 分别为：

$$U_{G1}=yz(E_0^G+\Delta E_1^G-C_1-\Delta E_2^G)+y(1-z)(E_0^G+\Delta E_1^G-C_1-\Delta E_2^G)$$
$$+(1-y)z(E_0^G+\Delta E_1^G-C_1)+(1-y)(1-z)(E_0^G+\Delta E_1^G-C_1) \quad (1)$$

$$U_{G2}=yzE_0^G+y(1-z)E_0^G+(1-y)zE_0^G+(1-y)(1-z)E_0^G \quad (2)$$

$$\overline{U}_G=xU_{G1}+(1-x)U_{G2} \quad (3)$$

上游企业进行协同创新时的期望收益记为 U_{T1}，选择不进行协同创新时的收益记为 U_{T2}，平均收益记为 $\overline{U}_T$，即：

$$U_{T1}=xz(E_0^T+\Delta E_1^T-C_2+\Delta C^T+\Delta E_2^G)+x(1-z)(E_0^T-C_2+\Delta C^T$$
$$+\Delta E_2^G+M)+(1-x)z(E_0^T+\Delta E_1^T-C_2)+(1-x)(1-z)(E_0^T-C_2+M) \quad (4)$$

$$U_{T2}=xz(E_0^T+\Delta E_2^T-N)+x(1-z)E_0^T$$
$$+(1-x)z(E_0^T+\Delta E_2^T-N)+(1-x)(1-z)E_0^T \quad (5)$$

$$\overline{U}_T=yU_{T1}+(1-y)U_{T2} \quad (6)$$

下游企业进行协同创新时的期望收益记为 U_{D1}，选择不进行协同创新时的收益记为 U_{D2}，平均收益记为 $\overline{U}_D$，即：

$$U_{D1}=xy(E_0^D+\Delta E_1^D-C_3+\Delta C^D)+x(1-y)(E_0^D-C_3+\Delta C^D+N)$$
$$+(1-x)y(E_0^D+\Delta E_1^D-C_3)+(1-x)(1-y)(E_0^D-C_3+N) \quad (7)$$

$$U_{D2}=xy(E_0^D+\Delta E_2^D-M)+x(1-y)E_0^D$$
$$+(1-x)y(E_0^D+\Delta E_2^D-M)+(1-x)(1-y)E_0^D \quad (8)$$

$$\overline{U}_D=zU_{D1}+(1-z)U_{D2} \quad (9)$$

(二)演化稳定策略求解

在有限理性假设下，政府、上游企业与下游企业是相互学习的重复博弈，整个策略过程可用复制动态方程来模拟。政府的复制动态方程为：

$$F(x)=x(1-x)(\Delta E_1^G-C_1-y\Delta E_2^G) \quad (10)$$

上游企业的复制动态方程为：

$$F(y)=y(1-y)[x(\Delta C^T+\Delta E_2^G)+z(\Delta E_1^T-\Delta E_2^T-M+N)+M-C_2] \quad (11)$$

下游企业的复制动态方程为：

$$F(z)=z(1-z)[x\Delta C^D-C_3+y(\Delta E_1^D-\Delta E_2^D+M-N)+N] \quad (12)$$

借助 Friedman 提出的 Jacobi 矩阵，判断演化博弈的局部稳定性，得到演化博弈系统的稳定策略，其中 Jacobi 矩阵的表达式如下所示：

$$J=\begin{bmatrix} (1-2x)(\Delta E_1^G - C_1 - y\Delta E_2^G) & -x(1-x)\Delta E_2^G & 0 \\ y(1-y)(\Delta C^T + \Delta E_2^G) & (1-2y)[x(\Delta C^T+\Delta E_2^G)+z(\Delta E_1^T - \Delta E_2^T - M + N) + M - C_2] & y(1-y)(\Delta E_1^T - \Delta E_2^T - M + N) \\ z(1-z)\Delta C^D & z(1-z)(\Delta E_1^D - \Delta E_2^D + M - N) & (1-2z)[x\Delta C^D - C_3 + y(\Delta E_1^D - \Delta E_2^D + M - N) + N] \end{bmatrix}$$

(三)均衡点的稳定性分析

令 $F(x)=F(y)=F(z)=0$，可以得到 8 个局部均衡解，分别为 $E_1(0,0,0)$，$E_2(0,0,1)$，$E_3(0,1,0)$，$E_4(0,1,1)$，$E_5(1,0,0)$，$E_6(1,0,1)$，$E_7(1,1,0)$，$E_8(1,1,1)$。由均衡点得到的 Jacobi 矩阵的特征值见表 4－3。

表 4－3　Jacobi 矩阵的特征值

均衡点	特征值 λ_1	特征值 λ_2	特征值 λ_3
$E_1(0,0,0)$	$\Delta E_1^G - C_1$	$-C_2+M$	$-C_3+N$
$E_2(0,0,1)$	$\Delta E_1^G - C_1$	$\Delta E_1^T + N - \Delta E_2^T - C_2$	$-(-C_3+N)$
$E_3(0,1,0)$	$\Delta E_1^G - C_1 - \Delta E_2^G$	$-(-C_2+M)$	$\Delta E_1^D - C_3 - \Delta E_2^D + M$
$E_4(0,1,1)$	$\Delta E_1^G - C_1 - \Delta E_2^G$	$-(\Delta E_1^T + N - \Delta E_2^T - C_2)$	$-(\Delta E_1^D - C_3 - \Delta E_2^D + M)$
$E_5(1,0,0)$	$-(\Delta E_1^G - C_1)$	$\Delta C^T + \Delta E_2^G + M - C_2$	$\Delta C^D + N - C_3$
$E_6(1,0,1)$	$-(\Delta E_1^G - C_1)$	$\Delta C^T + \Delta E_2^G + \Delta E_1^T - \Delta E_2^T + N - C_2$	$-(\Delta C^D + N - C_3)$
$E_7(1,1,0)$	$-(\Delta E_1^G - C_1 - \Delta E_2^G)$	$-(\Delta C^T + \Delta E_2^G + M - C_2)$	$\Delta C^D - C_3 + \Delta E_1^D - \Delta E_2^D + M$
$E_8(1,1,1)$	$-(\Delta E_1^G - C_1 - \Delta E_2^G)$	$-(\Delta C^T + \Delta E_2^G + \Delta E_1^T - \Delta E_2^T + N - C_2)$	$-(\Delta C^D - C_3 + \Delta E_1^D - \Delta E_2^D + M)$

因制造业产业链协同演化博弈模型中涉及的参数较多，下面分三种情形对演化博弈 ESS 进行分析，见表 4－4。

情形 1：$\Delta C^{T}+\Delta E_2^{G}+M-C_2<0$ 且 $\Delta C^{D}+N-C_3<0$

上游企业协同创新降低的成本幅度与政府对上游企业奖励、下游企业单独研发时对上游企业支付的惩罚之和小于上游企业协同创新成本，而且下游企业协同创新成本与上游企业单独研发时对下游企业支付的惩罚之和小于下游企业协同创新成本时，Jacobi 矩阵存在 $E_5(1,0,0)$ 和 $E_8(1,1,1)$ 两个演化稳定策略，即（监督，不协同，不协同）和（监督，协同，协同）。

情形 2：$\Delta C^{T}+\Delta E_2^{G}+\Delta E_1^{T}+N-\Delta E_2^{T}-C_2<0$ 且 $\Delta C^{D}+N-C_3>0$

上游企业协同创新成本降低幅度与政府对上游企业奖励、上游企业协同创新收益、上游企业单独研发对下游企业支付的惩罚之和小于上游企业单独研发收益与协同创新成本之和，同时下游企业协同创新成本降低的幅度与上游企业单独研发对下游企业支付的惩罚之和大于下游企业协同创新投入的成本时，Jacobi 矩阵存在 $E_6(1,0,1)$ 和 $E_8(1,1,1)$ 两个演化稳定策略，即（监督，不协同，协同）和（监督，协同，协同）。

情形 3：$\Delta C^{T}+\Delta E_2^{G}+M-C_2>0$ 或 $\Delta C^{T}+\Delta E_2^{G}+\Delta E_1^{T}+N-\Delta E_2^{T}-C_2>0$ 且 $\Delta C^{D}+N-C_3<0$

上游企业协同创新降低的成本幅度与政府对上游企业奖励、下游企业单独研发时对上游企业支付的惩罚之和大于上游企业协同创新成本，或上游企业协同创新成本降低幅度与政府对上游企业奖励、上游企业协同创新收益、上游企业单独研发对下游企业支付的惩罚之和大于上游企业单独研发收益与协同创新成本之和，且下游企业协同创新成本与上游企业单独研发时对下游企业支付的惩罚之和小于下游企业协同创新成本时，雅克比矩阵中存在一个 ESS，即 $E_8(1,1,1)$，相应地演化稳定策略为（监督，协同，协同）。

表 4-4　均衡点局部稳定性

		E_1	E_2	E_3	E_4	E_5	E_6	E_7	E_8
情形1	λ_1	+	+	+	+	−	−	−	−
	λ_2	+/−	+	+	−	−	+/−	+	−
	λ_3	−	+	+	−	−	+	+	−
	稳定性	非稳定点	鞍点	鞍点	非稳定点	ESS	非稳定点	非稳定点	ESS
情形2	λ_1	+	+	+	+	−	−	−	−
	λ_2	+/−	+	+/−	−	+/−	−	+/−	−
	λ_3	+/−	+/−	+	−	+	−	+	−
	稳定性	非稳定点	鞍点	鞍点	非稳定点	非稳定点	ESS	非稳定点	ESS

（续表）

		E_1	E_2	E_3	E_4	E_5	E_6	E_7	E_8
情形3	λ_1	+	+	+	+	−	−	−	−
	λ_2	+/−	+	+/−	−	+	+	−	−
	λ_3	−	+	+	−	−	+	+	−
	稳定性	非稳定点	鞍点	鞍点	非稳定点	非稳定点	非稳定点	非稳定点	ESS

第三节　产业创新演化博弈仿真分析

长三角各省市间资源优势存在差异，因此各具产业特色。上海科技资源丰富，2020 年制造业规模达到 9243.21 亿元，在高端装备制造业占据优势。江苏新兴动能明显提升，战略性新兴产业产值增长 11.0%，占规上工业产值比重达 37.8%，高新技术产业产值占规上工业比重达 46.5%。浙江新兴产业增长较快，2020 年高新技术产业、高技术产业、战略性新兴产业和数字经济核心产业利润总额分别为 4147 亿元、1040 亿元、2429 亿元和 841 亿元。2020 年安徽制造业增加值突破万亿元大关，技改投资居长三角第二位。在博弈协同过程中，制造企业之间对其违约行为要承担一定的惩罚，以便约束上游企业与下游企业行为。根据长三角制造业产业链协同创新实际情况，对产业链协同创新演化博弈矩阵参数值做出如下假设（单位：百万元），令 $\Delta E_1^G=40$，$\Delta E_1^T=50$，$\Delta E_1^D=50$，$\Delta E_2^T=30$，$N=5$，$\Delta E_2^D=25$，$M=5$。$\Delta E_2^G=8$，$C_1=5$，$C_2=24$，$C_3=20$，$\Delta C^T=4$，$\Delta C^D=4$。

（一）参与主体初始意愿动态演化分析

假定政府、上游企业、下游企业初始参与意愿相同，均为 0.3，即 $x=y=z=0.3$，在此情形下，政府的参与意愿很强烈，短时间内收敛于 1，上游企业与下游企业选择不参与协同创新意愿快速下降，受市场行为影响的下游企业加速超过了上游企业的收敛速度，最终上下游企业均收敛于 0。随着政府、上游企业、下游企业初始参与意愿上升为 $x=y=z=0.5$ 时，政府以较快的速度收敛于 1，初始阶段上游企业与下游企业收敛速度进展缓慢，但随着政府参与产业链协同创新，上下游企业也逐步收敛于 1，最终的稳定点是(1,1,1)。当政府、上游企业、下游企业初始参与意愿上升为 $x=y=z=0.7$ 时，政府收敛于 1 的速度更迅速，同时上游企业与下游企业也以相对较快的速度收敛于 1，最终的稳定点是(1,1,1)。结果表明，如果提升政府、上游企业、下游企业三方主体的初始参与意愿，政府趋向于参与产业链协同创新的速度逐步提高，与此同时，上游企业与下游企业从不参与协同创新过渡到以缓慢的速度参与协同创新，当政府发挥其主导作用时，积极引导并促使上游企业与下游企业最终以较快速度参与协同创新，具体如图 4－1 所示。

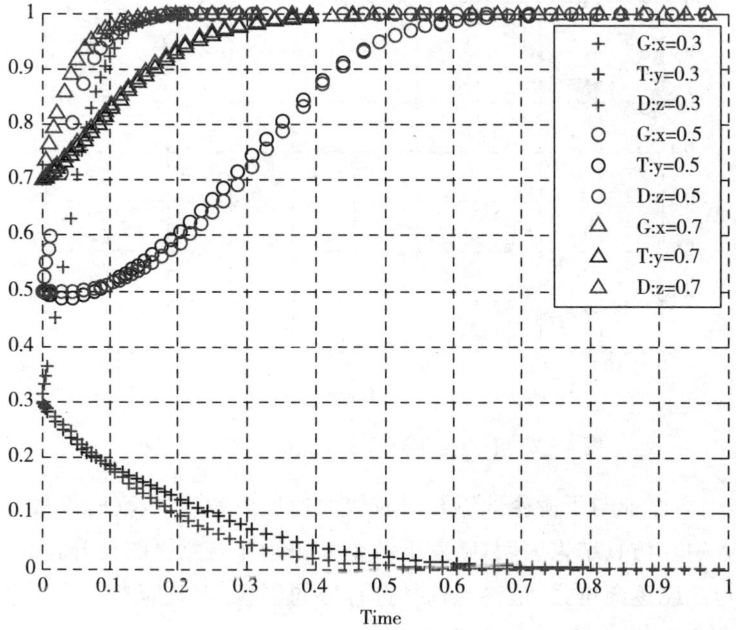

图 4－1　三方主体初始参与意愿动态演化过程

假设政府与下游企业参与意愿不变，当上游企业参与意愿为 0.1 时，政府以较快的速度收敛于 1，上游企业以缓慢的速度收敛于 0，下游企业收敛于 0 的速度相对较快，最终平衡点为(1,0,0)。当上游企业参与意愿为 0.5 时，政府以同样的速度收敛于 1，上游企业与下游企业收敛于 1 的速度相对较慢，最终平衡点为(1,1,1)。随着上游企业参与意愿提升为 0.9，政府收敛于 1 的速度几乎不变，而上游企业以超过下游企业的速度快速收敛于 1，最终平衡点收敛于(1,1,1)。仿真结果表明，随着上游企业初始参与意愿的提升，上游企业与下游企业参与意愿逐渐增强，当上游企业参与协同创新意愿足够大时，上下游企业最终均选择进行协同创新，但是上游企业受本身参与协同创新意愿影响更大，而政府参与协同创新意愿并不受上游企业影响，如图 4－2 所示。

假设政府与上游企业参与意愿不变，下游企业参与意愿为 0.1 时，上游企业与下游企业以缓慢的速度收敛于 0，政府以较快的速度收敛于 1，最终平衡点为(1,0,0)。当下游企业参与意愿提升为 0.5 时，上游企业与下游企业均收敛于 1，但是速度相对较为缓慢，三方主体最终平衡点为(1,1,1)。当下游企业参与意愿增加

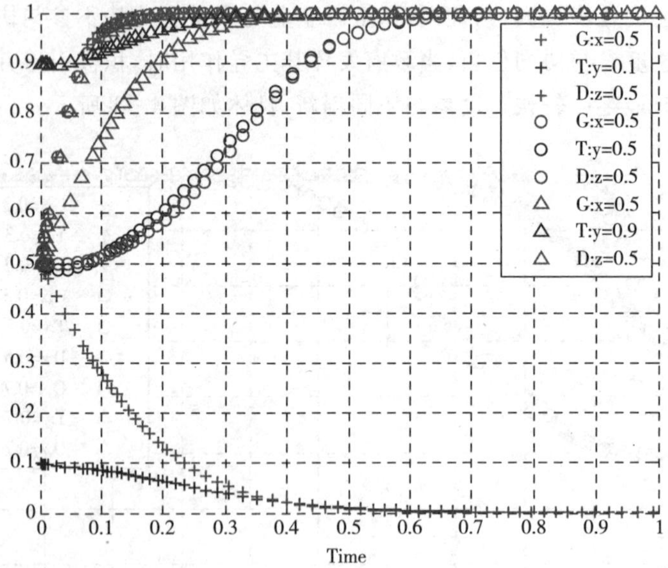

图 4-2 上游企业初始参与意愿动态演化过程

到 0.9 时,上游企业与下游企业以相对较快的速度收敛于 1,政府收敛于 1 的速度始终不受影响。仿真结果表明,随着下游企业初始参与意愿的提升,上游企业与下游企业参与意愿逐渐增强,最终均选择进行协同创新,而政府参与协同创新意愿并不受下游企业影响,如图 4-3 所示。

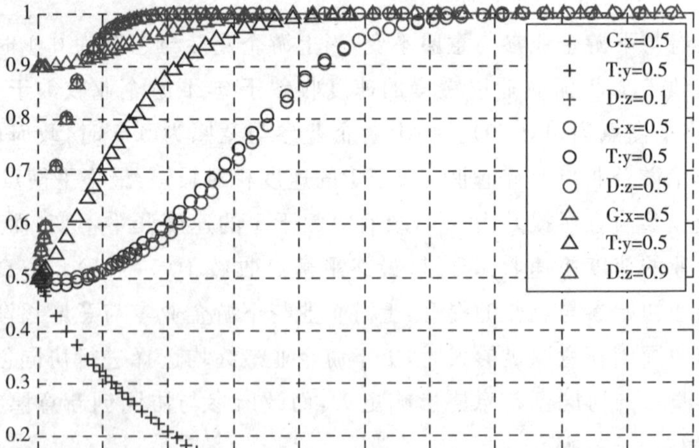

图 4-3 下游企业初始参与意愿动态演化过程

在假设上游企业与下游企业参与意愿不变情况下，政府参与意愿为 0.1 时，上游企业与下游企业以缓慢的速度收敛于 0，政府收敛于 1，最终平衡点为(1,0,0)。当政府参与意愿提升为 0.5 时，上游企业与下游企业均收敛于 1，但是速度相对较为缓慢，三方主体最终平衡点为(1,1,1)。当政府参与意愿增加到 0.9 时，上游企业与下游企业以相对较快的速度收敛于 1，上游企业收敛速度要超过下游企业，政府收敛于 1 的速度得到逐步提高。仿真结果表明，随着政府初始参与意愿的提升，上游企业与下游企业参与意愿逐渐增强，上游企业受政府参与意愿影响要更大，下游企业更多受市场行为影响；同时当政府参与意愿足够大时，上游企业与下游企业最终均选择进行协同创新，如图 4-4 所示。

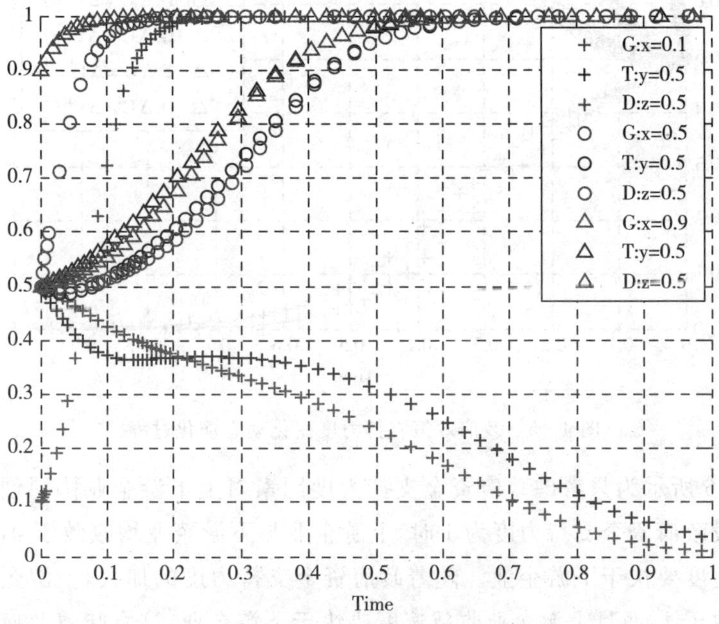

图 4-4　政府初始参与意愿动态演化过程

(二)政府支持对产业链协同创新影响分析

在其他参数不变情况下，政府提供政策支持促使产业链协同创新成本降低而对上游企业和下游企业协同创新策略的影响如图 4-5 所示，比如政府大力推广新能源汽车“双积分政策”从而对研发创新进行资助补贴。假设政府提供的支持力度较小时，上游企业与下游企业成本降低的幅度 $\Delta C^{T}=\Delta C^{D}=1$ 时，此时上游企业与下游企业均收敛于 0，下游企业收敛速度要高于上游企业收敛速度。随着政府政策支持力度提升到 $\Delta C^{T}=\Delta C^{D}=4$，上游企业与下游企业均收敛于 1，而且上游企业收敛速度要稍高于下游企业。但是当政府政策支持力度足够高时，上游企业与下游企业均以较快的速度收敛于1,而且下游企业收敛于1的意愿更为强烈。仿真结果表明,政府政策支持力度对上游企业与下游企业均产生影响,随着政府支持力度的加大,上游企业与下游企业均选择参与协同创新,而下游企业受政府政策影响程度更加显著。

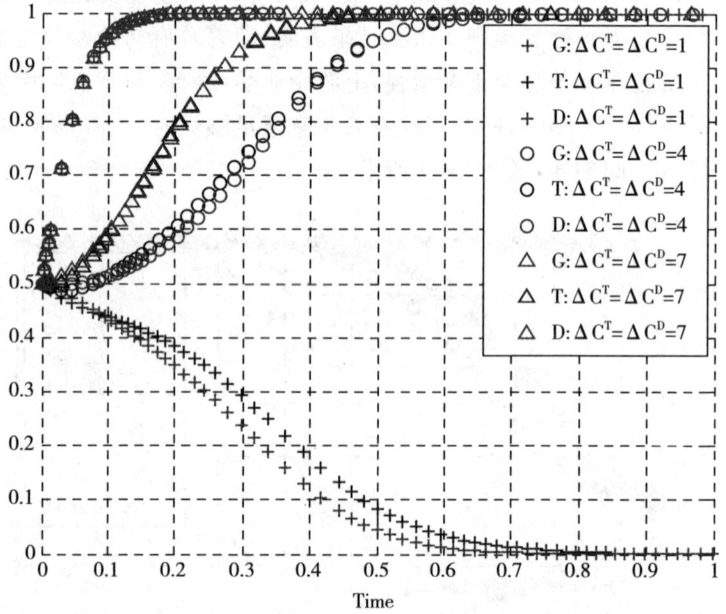

图 4-5 政府政策支持力度变化动态演化过程

图 4-6 所示为只考虑政府资金支持力度因素对上下游企业协同创新策略的影响。假设政府资金支持力度为1时,上游企业与下游企业均收敛于0,但是上游企业下降速度要快于下游企业。随着政府资金支持力度的加大,上游企业与下游企业均收敛于1,而且上游企业收敛速度要快于下游企业,这意味着政府资金支持力度对上游企业的影响程度要大于下游企业。

(三)惩罚力度对产业链协同创新影响分析

在其他参数不变情况下,上游企业违约惩罚变化对产业链协同创新的动态演化过程如图 4-7 所示。假设上游企业违约惩罚较低为1时,上游企业与下游企业均收敛于0,下游企业下降的速度要超过上游企业。随着上游企业违约惩罚的提升,上游企业与下游企业均收敛于1,且上游企业收敛速度要略高于下游企业。

在其他参数不变情况下,下游企业违约惩罚变化对产业链协同创新的动态演化过程如图 4-8 所示。假设下游企业违约惩罚较低为1时,上游企业与下游企业均收敛于0,下游企业下降的速度要超过上游企业。随着下游企业违约惩罚提升

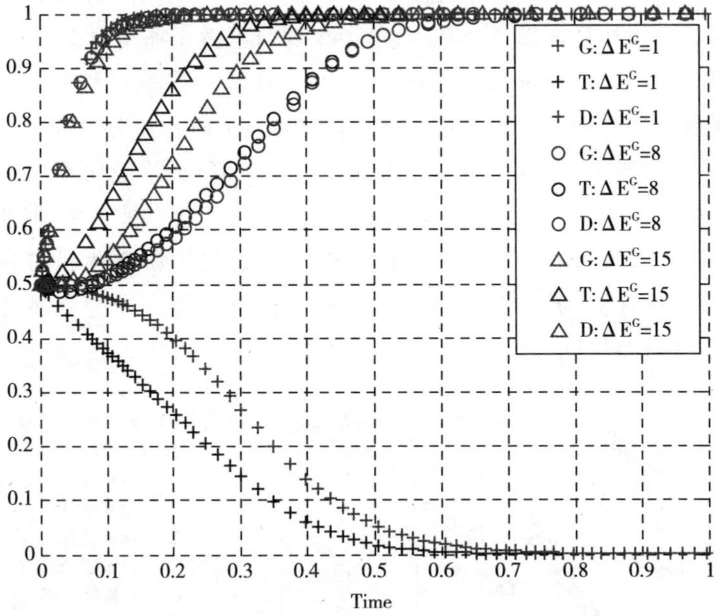

图 4-6 政府资金支持力度变化动态演化过程

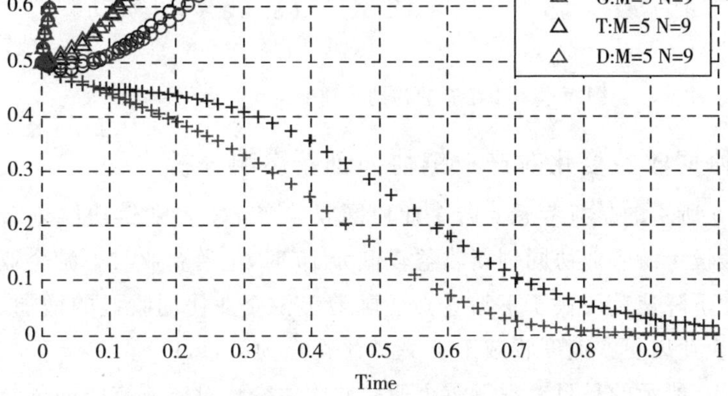

图 4-7 上游企业违约惩罚变化动态演化过程

为5时，上游企业与下游企业均收敛于1，上游企业收敛速度要略高于下游企业。但随着下游企业违约惩罚提升为9时，上游企业与下游企业均收敛于1，下游企业收敛速度要略高于上游企业。这意味着，提高企业违约成本有利于促进上游企业与下游企业参与协同创新意愿，当违约成本较小时，上游企业会出现不参与协同创新的可能性，受其影响，下游企业参与意愿也逐步下降，最终趋向于均不参与协同创新。当上游企业违约成本增加时，上游企业的参与意愿不断上升，带动下游企业的参与意愿也随着上升；当下游企业违约成本增加时，下游企业起初参与意愿不高，但随着上游企业参与意愿增加到一定程度时，下游企业参与意愿得到快速提升，最终均选择进行协同创新。

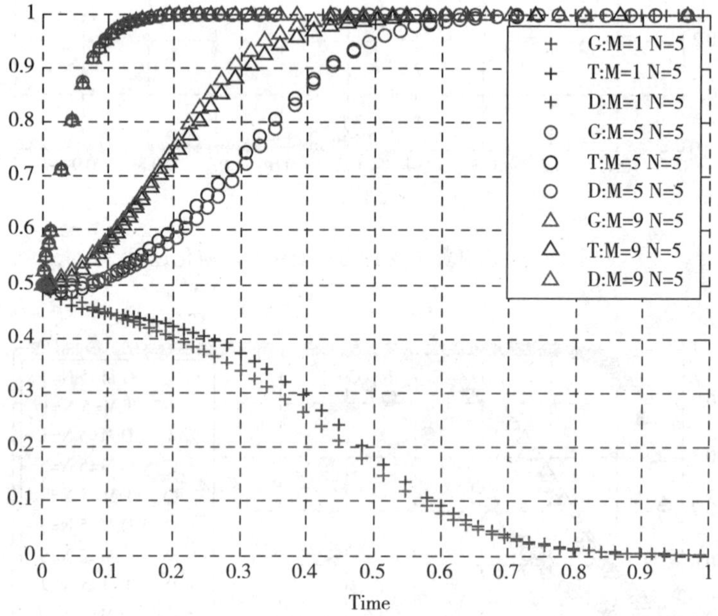

图4-8 下游企业违约惩罚变化动态演化过程

(四)协同收益变化对产业链协同创新影响分析

图4-9所示的是只考虑上游企业协同收益变化对产业链协同创新的影响演化过程。假设上游企业协同创新收益较低为10时，上游企业与下游企业均收敛于0，上游企业下降速度要快于下游企业。随着上游企业协同收益的增加，相比下游企业，上游企业以更快速度收敛于1，最终平衡点为(1,1,1)。

图4-10所示的是只考虑下游企业协同收益变化对产业链协同创新的影响演化过程。假设下游企业协同创新收益较低为10时，上游企业与下游企业均收敛于0，下游企业下降速度要快于上游企业。随着下游企业协同收益的增加，相比上游

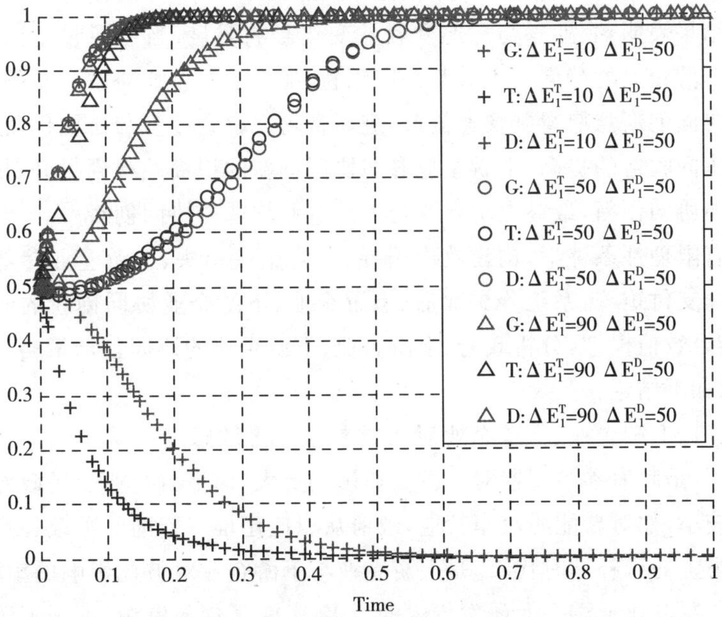

图 4-9　上游企业协同收益变化动态演化过程

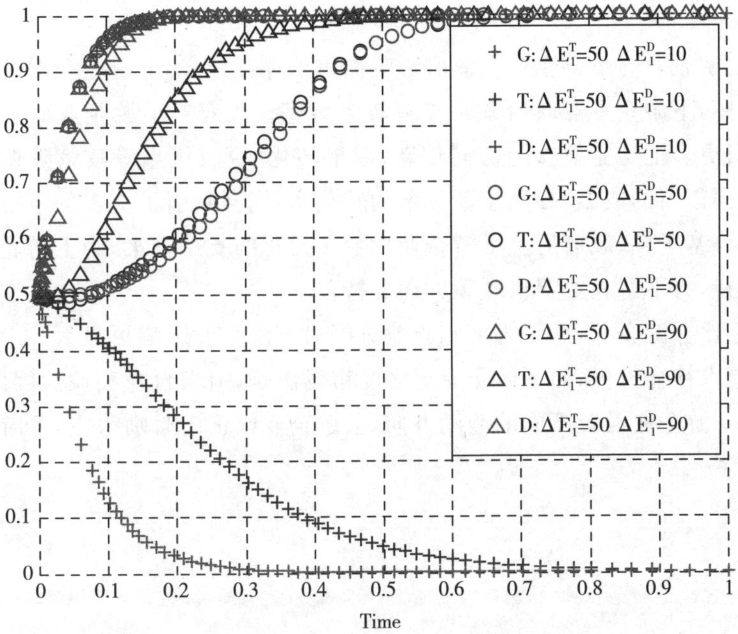

图 4-10　下游企业协同收益变化动态演化过程

企业,下游企业以更快速度收敛于1,最终平衡点为(1,1,1)。

仿真结果表明,企业参与意愿受收益变化影响明显,当协同收益比较低时,上游企业与下游企业均趋向于不参与协同创新;随着上游企业协同收益的增加,上游企业参与协同创新意愿得到快速提升,进而带动下游企业参与协同创新;同时随着下游企业协同收益的提高,下游企业参与协同创新的积极性得到提升,从而带动上游企业参与协同创新,最终上游企业与下游企业均选择协同创新。

假定有限理性条件下,构建政府引导、上游企业牵头、下游企业参与的协同创新演化博弈支付矩阵,系统分析政府、上游企业、下游企业协同创新的演化博弈过程,同时结合数值模拟,分析政府、上游企业、下游企业的协同创新策略行为及影响因素,得出如下结论:

(1)政府、上游企业、下游企业对三方参与意愿敏感度影响不同。这主要体现在两方面:一是政府参与意愿对上游企业影响更大,而下游企业受到政府与上游企业的影响较小,如对新能源汽车行业,政府从以应用推广资助的财政补贴转移到以研发创新为主的后补贴时代;二是上游企业与下游企业对彼此影响的敏感度不同,随着长三角制造业上游企业研发投入的增多,汇集了创新资源,带动下游企业参与数量的增多。因此,政府应该积极对制造业上游企业给予资金补助,增强上游企业协同创新的积极性,利用现有资源带动下游企业协同参与,充分发挥政府的导向作用。

(2)上游企业与下游企业受政府影响侧重点存在差异,上游企业对政府资金支持较为敏感,下游企业对政府政策支持较为敏感。政府对上游企业研发给予资金支持,吸引更多上游企业参与协同创新;成果转化、税收优惠等政策降低了下游企业参与协同创新的成本,提高了新技术的转化率,同样吸引了更多的下游企业参与协同创新。基于此,政府对上下游企业出台多元化的支持政策,为上游企业提供资金方面支持,为下游企业提供政策方面支持。

(3)相比上游企业,惩罚力度和收益分配对下游企业影响更显著。上游企业注重研发,追求社会价值;而下游企业更多受市场影响,追求自身利益。因此,政府对制造业上下游企业设置不同的激励方向,上游企业以正向激励为主,下游企业以负向激励为主。

第五章　金融资本激发长三角高质量一体化发展

作为全国经济社会发展的先行区域，长三角地区高质量一体化发展战略可以优化地区资源配置，建立国际合作新局面。金融资本是中国现代金融的灵魂，其作用将从强调资金集聚转化为推动资本市场优化配置，更有效地激发长三角高质量一体化发展，推动长三角区域经济在创新驱动、发展转变、改革开放和融合发展等领域不断走在国内前列。

第一节　安徽金融资本发展现状

金融资本深刻影响着区域经济的发展，本节基于存款资源、贷款资源、存贷款差额、金融相关比率、金融货币比率视角，探索安徽金融资本发展现状。

(一)存款资源

选取安徽合肥、淮北、亳州、宿州、蚌埠、阜阳、淮南、滁州、六安、马鞍山、芜湖、宣城、铜陵、池州、安庆、黄山等 16 市，借助存款余额指标衡量存款资源，发现各市金融机构存款余额均在逐步提高。合肥金融机构存款余额数量最大，2010 年合肥金融机构存款余额为 4591.8136 亿元；2020 年合肥金融机构存款余额上升为 18675.3063 亿元，非银行业金融机构存款为 1479.6880 亿元，增长了 3.07 倍。池州金融机构存款余额数量最小，2010 年池州金融机构存款余额为 366.1645 亿元，其中企事业单位存款 102.8669 亿元，储蓄存款 200.0262 亿元；2020 年池州非银行业金融机构存款 3655 万元，增长了 2.37 倍。

此外，亳州金融机构存款增长率最高，2010 年亳州金融机构存款额为 544.9732 亿元，其中企事业单位存款 81.8524 亿元，储蓄存款 368.7280 亿元；2020 年亳州金融机构存款余额达 2503.0307 亿元，非银行业金融机构存款 3371 万元，增长了 3.59 倍。淮南金融机构存款增长率最低，2010 年淮南金融机构存款余额为 864.5310 亿元，其中企事业单位存款 295.1275 亿元，储蓄存款 422.8607 亿元；2020 年淮南金融机构存款余额为 2366.3761 亿元，非银行业金融机构存款 34.6784 亿元，增长了 1.74 倍，具体见表 5－1。

表 5－1　2010—2020 年安徽各市金融机构存款状况　　单位：万元

	2010 年	2011 年	2012 年	2013 年	2014 年	2015 年	2016 年	2017 年	2018 年	2019 年	2020 年
合肥	45918136	58220588	70431497	83293699	92695758	111937033	134796809	142354059	156772735	164172486	186753063
淮北	5685563	6968500	7887040	8649705	9481679	10376607	13243977	14068991	14845433	15739053	16759056
亳州	5449732	6752928	8134913	9280438	10615466	12608821	15910853	18444792	21139047	22891959	25030307
宿州	7017015	8542357	10179277	11584594	13165703	14903030	17514571	20143567	22958481	25069203	27341222
蚌埠	7104029	8396034	9795493	12625459	14383328	16236496	18690614	19646193	21261142	22714383	24733511
阜阳	10433717	12524164	14914070	17509454	20496440	24555956	30030463	35049934	40571018	43453705	46136419
淮南	8645310	9612912	11157929	12124930	12314883	16304592	17775741	20575698	20777799	21579314	23663761
滁州	7784570	9179082	11170244	12870349	14244481	16727007	19899764	22900593	25659298	28061635	31465272
六安	8434842	10548977	12780247	15252330	17169901	17353786	20764242	24322153	26833224	29473551	31900002
马鞍山	8081587	10940857	12691886	14478520	14756215	16097141	18719652	19940496	22370473	24679180	27788467
芜湖	12382840	16771788	18762618	21759638	23229463	25486808	29157844	32545682	37436864	41600448	47129600
宣城	5784369	6796201	8128072	9195054	10366904	12089904	14780230	16900711	18104577	19517090	21899333
铜陵	4102746	4856632	5708142	6444052	6860955	11105898	12288682	14009686	14557339	14441922	16492520
池州	3661645	4365997	5189463	5972803	6694637	7496634	8770528	9518681	10100132	10935290	12338576
安庆	11559970	14086309	17033702	19805742	22376259	22534752	26504348	29420562	31588452	33770516	37635127
黄山	4743334	5615477	6604965	7430768	8234515	9188505	10300071	11598744	12711144	13433752	15340700

（二）贷款资源

选取贷款余额衡量安徽金融贷款资源，发现安徽城市贷款余额也在逐步提升。合肥金融机构贷款余额数量最大，2010 年合肥金融机构贷款额度为 4353.7920 亿元，2020 年合肥金融机构贷款额度为 18166.5695 亿元，增长了 3.17 倍。池州金融机构贷款余额数量最小，2010 年池州金融机构贷款额度为 248.0479 亿元，2020 年池州金融机构贷款额度上升为 860.8972 亿元，增长了 2.47 倍。此外，亳州贷款额度增长率最大，2010 年亳州金融机构贷款额度为 245.0143 亿元，2020 年亳州金融机构贷款额度上升为 2380.9286 亿元，增长了 8.72 倍。淮南金融机构贷款额度增长率最低，2010 年淮南金融机构贷款额度为 649.7729 亿元，2020 年淮南金融机构贷款额度上升为 1715.6007 亿元，增长了 1.64 倍，具体见表 5－2。

表 5－2　2010—2020 年安徽各市金融机构贷款状况　　单位：万元

	2010 年	2011 年	2012 年	2013 年	2014 年	2015 年	2016 年	2017 年	2018 年	2019 年	2020 年
合肥	43537920	55126276	64319261	74460373	86667901	101710993	120641751	134012188	141965423	158548318	181665695
淮北	3047607	4065961	5095760	6129915	6653180	7024922	7962843	8689544	9378115	10804520	12785947
亳州	2450143	3265709	4277145	5229242	6431989	7842968	10375190	13383236	16636035	19906763	23809286
宿州	3083340	3799041	4639464	5590183	6875484	8090833	9799993	12487515	15526942	18963786	23321971
蚌埠	3894691	4848867	6366623	8181686	10106246	12002739	14061949	15699491	18086465	20923337	23618390
阜阳	4427925	5357623	6435971	7881158	9638674	11889438	15717082	20572641	26448065	31968282	37469058
淮南	6497729	7220388	7869765	8836422	9000311	10656755	11763344	12954820	14375552	15660943	17156007
滁州	4824698	5852114	7153584	9011426	10453982	12089791	14320018	17033976	20499918	24252899	30205574
六安	4852525	5785761	6878240	8242684	9596077	9918360	11948883	15387316	18485919	22016146	26049580
马鞍山	5545250	8062522	8771426	9984951	11033404	11841991	13505013	15018472	16304073	18456832	22613399
芜湖	10512350	14278367	17259447	19474509	21826041	24915660	28525912	32114581	34135011	37678704	41014762
宣城	3875549	4838429	5947789	7180212	8307725	9073203	10520583	12299505	13825714	15083263	17621436
铜陵	4370149	4963730	6005041	6782680	7410331	9091681	9711836	10595208	11519147	12629390	13966798
池州	2480479	3167986	3719696	4043515	4643900	4804384	5078250	5629076	6104459	6886189	8608972
安庆	5559420	6942768	8602016	10702370	12596902	13164134	14821573	17075463	19714237	22375362	26167759
黄山	2815754	3505413	4174595	4740853	5267018	5667064	6093219	7171062	8298957	9533657	10903520

（三）存贷款差额

合肥金融机构的存贷款差额较大，2010 年合肥金融机构存贷款差额为 238.0216 亿元，2020 年合肥金融机构存贷款差额上升为 50.8736 亿元，增长了 1.14 倍。铜陵金融机构存贷款差额呈现出负值，2010 年铜陵金融机构存贷款差额为－26.7403 亿元，2020 年铜陵金融机构存贷款差额为 252.5722 亿元，增长了

10.44倍，增长幅度最大。然而，蚌埠、亳州、滁州金融机构存贷款差额呈现下降趋势，2010年蚌埠金融机构存贷款差额为320.9338亿元，2020年蚌埠金融机构存贷款差额下降为111.5121亿元，下降幅度为65.25%。2010年亳州金融机构存贷款差额为299.9589亿元，2020年亳州金融机构存贷款差额下降为122.1021亿元，下降幅度为59.29%。2010年滁州金融机构存贷款差额为295.9872亿元，2020年滁州金融机构存贷款差额下降为125.9698亿元，下降幅度为57.44%，具体见表5-3。

表5-3 2010—2020年安徽各市金融机构存贷款差额状况 单位：万元

	2010年	2011年	2012年	2013年	2014年	2015年	2016年	2017年	2018年	2019年	2020年
合肥	2380216	3094312	6112236	8833326	6027857	10226040	14155058	8341871	14807312	5624168	5087368
淮北	2637956	2902539	2791280	2519790	2828499	3351685	5281134	5379447	5467318	4934533	3973109
亳州	2999589	3487219	3857768	4051196	4183477	4765853	5535663	5061556	4503012	2985196	1221021
宿州	3933675	4743316	5539813	5994411	6290219	6812197	7714578	7656052	7431539	6105417	4019251
蚌埠	3209338	3547167	3428870	4443773	4277082	4233757	4628665	3946702	3174677	1791046	1115121
阜阳	6005792	7166541	8478099	9628296	10857766	12666518	14313381	14477293	14122953	11485423	8667361
淮南	2147581	2392524	3288164	3288508	3314572	5647837	6012397	7620878	6402247	5918371	6507754
滁州	2959872	3326968	4016660	3858923	3790499	4637216	5579746	5866617	5159380	3808736	1259698
六安	3582317	4763216	5902007	7009646	7573824	7435426	8815359	8934837	8347305	7457405	5850422
马鞍山	2536337	2878335	3920460	4493569	3722811	4255150	5214639	4922024	6066400	6222348	5175068
芜湖	1870490	2493421	1503171	2285129	1403422	571148	631932	431101	3301853	3921744	6114838
宣城	1908820	1957772	2180283	2014842	2059179	3016701	4259647	4601206	4278863	4433827	4277897
铜陵	−267403	−107098	−296899	−338628	−549376	2014217	2576846	3414478	3038192	1812532	2525722
池州	1181166	1198011	1469767	1929288	2050737	2692250	3692278	3889605	3995673	4049101	3729604
安庆	6000550	7143541	8431686	9103372	9779357	9370618	11682775	12345099	11874215	11395154	11467368
黄山	1927580	2110064	2430370	2689915	2967497	3521441	4206852	4427682	4412187	3900095	4437180

(四)金融相关比率

选取存款余额与贷款余额之和与GDP比值来衡量安徽金融资本的流动，安徽各市自2010至2020年金融资本相关比率见表5-4。由表可知，合肥金融资本相关比率在安徽内最高，这意味着合肥金融发展水平相对较高，由2010年的3.31增加至2020年的3.67，增长率为10.88%。宿州金融资本相关比率较低，这意味着宿州金融发展水平在安徽内相对较低，由2010年1.55提升至2020年的2.48，增长率为60%。然而，六安金融资本相关比率增长速度最快，由2010年1.97增加至2020年3.47，增长率为76.14%，这意味着2010—2020年期间六安金融发展速度最快。

表5-4 2010—2020年安徽金融资本相关比率状况

金融相关比率	2010年	2011年	2012年	2013年	2014年	2015年	2016年	2017年	2018年	2019年	2020年
合肥	3.31	3.12	3.24	3.38	3.46	3.77	4.07	3.95	3.82	3.43	3.67
淮北	1.89	1.99	2.09	2.10	2.12	2.29	2.65	2.46	2.46	2.46	2.64
亳州	1.54	1.60	1.73	1.83	1.93	2.17	2.51	2.77	2.96	2.45	2.70
宿州	1.55	1.54	1.62	1.69	1.76	1.86	2.02	2.23	2.36	2.23	2.48
蚌埠	1.72	1.70	1.82	2.06	2.13	2.25	2.36	2.28	2.29	2.12	2.32
阜阳	2.06	2.10	2.22	2.39	2.53	2.88	3.26	3.54	3.81	2.79	2.98
淮南	2.51	2.37	2.43	2.56	2.70	2.99	3.06	3.16	3.10	2.87	3.05
滁州	1.81	1.77	1.89	2.01	2.03	2.21	2.41	2.49	2.56	1.80	2.03
六安	1.97	1.99	2.14	2.33	2.44	2.68	2.95	3.40	3.52	3.18	3.47
马鞍山	1.68	1.66	1.74	1.89	1.93	2.05	2.16	2.04	2.02	2.04	2.30
芜湖	2.07	1.87	1.92	1.96	1.95	2.05	2.14	2.18	2.18	2.19	2.35
宣城	1.84	1.73	1.86	1.94	2.04	2.18	2.39	2.46	2.42	2.22	2.46
铜陵	1.82	1.69	1.89	1.94	1.99	2.22	2.30	2.19	2.13	2.82	3.03
池州	2.04	2.02	2.13	2.17	2.19	2.26	2.35	2.43	2.37	2.14	2.41
安庆	1.73	1.73	1.89	2.15	2.26	2.52	2.70	2.72	2.68	2.36	2.59
黄山	2.44	2.41	2.54	2.59	2.66	2.80	2.84	3.07	3.10	2.81	3.09

(五)金融货币比率

金融货币比率作为反映金融发展水平的另一指标，其数值高低与金融发展程度成正比，具体计算公式为：$MR=\frac{H}{GDP}$，其中，MR为金融货币比率，H为存款余额，GDP为地区生产总值。从安徽各市金融货币比率发展来看，合肥金融货币比率较高，由2010年1.70增加至2020年1.86，增长率达到9.4%，与金融资本相关比率增长幅度近似，这意味着合肥金融发展在省内位列首位。铜陵金融货币比率增长幅度较高，由2010年0.88增长至2020年1.64，增长率达到86.4%，这表明铜陵金融发展速度非常快。然而，滁州金融货币比率却出现了下降趋势，2010年滁州金融货币比率为1.12，2020年滁州金融货币比率下降为1.04，降低幅度为7%，这表明滁州金融发展出现了下降趋势，具体见表5-5。

表5-5 2010—2020年安徽各市金融货币比率状况

金融货币比率	2010年	2011年	2012年	2013年	2014年	2015年	2016年	2017年	2018年	2019年	2020年
合肥	1.70	1.60	1.69	1.78	1.79	1.98	2.15	2.03	2.00	1.74	1.86
淮北	1.23	1.26	1.27	1.23	1.25	1.36	1.66	1.52	1.51	1.46	1.50
亳州	1.06	1.08	1.14	1.17	1.20	1.34	1.52	1.60	1.66	1.31	1.39
宿州	1.08	1.06	1.11	1.14	1.15	1.21	1.30	1.37	1.41	1.27	1.34
蚌埠	1.11	1.08	1.10	1.25	1.25	1.30	1.35	1.27	1.24	1.10	1.19
阜阳	1.45	1.47	1.55	1.65	1.72	1.94	2.14	2.23	2.31	1.61	1.64
淮南	1.43	1.35	1.43	1.48	1.56	1.81	1.84	1.94	1.83	1.66	1.77
滁州	1.12	1.08	1.15	1.18	1.17	1.28	1.40	1.43	1.42	0.96	1.04
六安	1.25	1.28	1.39	1.51	1.57	1.71	1.87	2.08	2.08	1.82	1.91
马鞍山	1.00	0.96	1.03	1.12	1.11	1.18	1.25	1.17	1.17	1.17	1.27
芜湖	1.12	1.01	1.00	1.04	1.01	1.04	1.08	1.10	1.14	1.15	1.26
宣城	1.10	1.01	1.07	1.09	1.13	1.24	1.40	1.43	1.37	1.25	1.36
铜陵	0.88	0.84	0.92	0.95	0.96	1.22	1.28	1.25	1.19	1.50	1.64
池州	1.22	1.17	1.24	1.29	1.29	1.38	1.49	1.52	1.47	1.31	1.42
安庆	1.17	1.16	1.25	1.40	1.45	1.59	1.73	1.72	1.65	1.42	1.53
黄山	1.53	1.48	1.55	1.58	1.62	1.73	1.79	1.90	1.88	1.64	1.80

第二节　安徽金融资本评价体系构建

本节从金融承载力、金融创新力和金融支持力视角构建金融资本评价体系，其中金融承载力由金融规模、金融效率来评价，金融创新力由金融存款、金融贷款、股票发行来评价，金融支持力由经济支持、社会支持来评价。具体细化来看，金融规模由金融业生产总值、金融业就业人数等指标来描述；金融效率由金融业人员工资总额、金融业人员年平均工资等指标来度量；金融存款由本外币各项存款、住户存款、非金融企业存款、机关团体存款、财政性存款、非银行业金融机构存款等指标来衡量；金融贷款由本外币各项贷款等指标来描述；股票发行由上市公司、发行股票、股份总数等指标来描述；经济支持由地区生产总值、进出口总额等指标来描述；社会支持由科学技术投入、教育投入等指标来描述。具体见表5-6。

表5-6　安徽金融资本竞争力评价指标体系

一级指标	二级指标	三级指标
金融承载力	金融规模(F_1)	金融业生产总值(F_{11})
		金融业就业人数(F_{12})
	金融效率(F_2)	金融业人员工资总额(F_{21})
		金融业人员年平均工资(F_{22})
金融创新力	金融存款(F_3)	本外币各项存款(F_{31})
		住户存款(F_{32})
		非金融企业存款(F_{33})
		机关团体存款(F_{34})
		财政性存款(F_{35})
		非银行业金融机构存款(F_{36})
	金融贷款(F_4)	本外币各项贷款(F_{41})
	股票发行(F_5)	上市公司(F_{51})
		发行股票(F_{52})
		股份总数(F_{53})

（续表）

一级指标	二级指标	三级指标
金融支持力	经济支持（F_6）	地区生产总值（F_{61}）
		进出口总额（F_{62}）
	社会支持（F_7）	科学技术投入（F_{71}）
		教育投入（F_{72}）

第三节　安徽金融资本竞争力实证分析

基于构建的安徽金融资本竞争力评价指标体系，本节搜集2019年与2020年安徽金融业生产总值、金融业就业人数、金融业人员工资总额、金融业人员年平均工资、本外币各项存款、住户存款、非金融企业存款、机关团体存款、财政性存款、非银行业金融机构存款、本外币各项贷款、上市公司、发行股票、股份总数、地区生产总值、进出口总额、科学技术投入、教育投入等金融资本数据，运用主成分分析对安徽金融资本竞争力进行实证研究。

（一）2019年金融资本竞争力实证分析

对搜集到的2019年安徽金融业生产总值等18个三级指标数据从极大值、极小值、平均值、标准差、峰度、偏度等方面进行描述性分析，见表5-7。

表5-7　2019年安徽金融资本数据描述性统计量

指标	极大值	极小值	平均值	标准差	峰度	偏度
金融业生产总值（亿元）	869.07	36.15	149.35	196.80	14.15	3.67
金融业就业人数（人）	41639	4965	14518.19	9501.08	4.03	1.96
金融业人员工资总额（万元）	578420	51153	127399.20	127123.20	12.15	3.35
金融业人员年平均工资（元）	141247	60214	85335	21134.65	1.84	1.32
本外币各项存款（万元）	164172486	10935290	33220842.94	36139044.76	13.51	3.57
住户存款（万元）	47123986	7410703	16338647.50	9762667.18	6.49	2.31

（续表）

指标	极大值	极小值	平均值	标准差	峰度	偏度
非金融企业存款（万元）	64123831	2038663	9591157.31	14941954.79	13.99	3.67
机关团体存款（万元）	40792102	1219546	5935223	9453052	14.73	3.78
财政性存款（万元）	6036145	154567	809534.8	1414056	14.91	3.81
非银行业金融机构存款（万元）	5961981	1106	528982.7	146671	15.08	3.84
本外币各项贷款（万元）	158548318	6886189	27855524.44	35739405.02	14.14	3.68
上市公司（家）	46	0	6.56	11.08	12.37	3.40
发行股票（只）	48	0	6.94	11.54	12.34	3.40
股份总数（万股）	2619353	0	565390.6	713907.8	3.84	1.97
地区生产总值（亿元）	9409.4	818.04	2317.73	2048.99	10.70	3.06
进出口总额（万美元）	3220976	59844	429578.10	777057	12.92	3.48
科学技术投入（万元）	1303222	8315	188717.40	318940.80	11.29	3.27
教育投入（万元）	1940527	216771	680053.90	435217.60	3.88	1.65

由表可知，安徽 16 市金融业生产总值等 18 个三级指标数据都呈现高度右偏分布，且都呈现尖峰分布。

借助主成分分析对 2019 年安徽金融资本竞争力进行实证研究，首先需要了解金融业生产总值等 18 个变量间的相关关系，具体可由相关系数矩阵反映，见表 5－8。由表中可以清晰地看出，金融业生产总值与除股份总数外的其余 16 个三级指标的变量相关系数均大于 0.3，这意味着安徽金融资本变量之间存在较强的相关关系，需要对其进行降维处理。

运用 SPSS 软件对 2019 年安徽金融资本竞争力进行主成分分析时，对 16 个样本城市的 18 个金融资本变量进行公因子方差分析，结果见表 5－9，这表明从原始变量中提取信息量的程度。金融业生产总值等 18 个变量的共性方差均在 0.7 以上，说明如果对安徽金融资本提取公因子的话，能够很好地代表原始变量信息。

表 5－8　2019 年安徽金融资本相关系数矩阵

变量	金融业生产总值	金融业就业人数	金融业人员工资总额	金融业人员年平均工资	本外币各项存款	住户存款	非金融企业存款	机关团体存款	财政性存款	非银行业金融机构存款	本外币各项贷款	上市公司	发行股票	股份总数	地区生产总值	进出口总额	科学技术投入	教育投入
金融业生产总值	1.000	0.850	0.985	0.700	0.997	0.929	0.985	0.994	0.987	0.958	0.998	0.941	0.940	0.047	0.976	0.944	0.950	0.882
金融业就业人数	0.850	1.000	0.918	0.372	0.863	0.931	0.798	0.842	0.793	0.732	0.834	0.694	0.691	−0.044	0.846	0.708	0.726	0.891
金融业人员工资总额	0.985	0.918	1.000	0.656	0.991	0.958	0.966	0.981	0.956	0.925	0.982	0.906	0.905	0.052	0.964	0.913	0.921	0.897
金融业人员年平均工资	0.700	0.372	0.656	1.000	0.718	0.627	0.750	0.696	0.684	0.722	0.731	0.784	0.784	0.369	0.703	0.793	0.801	0.543
本外币各项存款	0.997	0.863	0.991	0.718	1.000	0.946	0.986	0.990	0.977	0.950	0.997	0.939	0.939	0.078	0.980	0.942	0.952	0.890
住户存款	0.929	0.931	0.958	0.627	0.946	1.000	0.890	0.915	0.882	0.816	0.923	0.803	0.801	0.024	0.937	0.812	0.847	0.970
非金融企业存款	0.985	0.798	0.966	0.750	0.986	0.890	1.000	0.974	0.970	0.962	0.993	0.975	0.976	0.182	0.975	0.972	0.981	0.819
机关团体存款	0.994	0.842	0.981	0.696	0.990	0.915	0.974	1.000	0.989	0.966	0.990	0.930	0.928	−0.017	0.952	0.934	0.930	0.863

（续表）

变量	金融业生产总值	金融业就业人数	金融业人员工资总额	金融业人员年平均工资	本外币各项存款	住户存款	非金融企业存款	机关团体存款	财政性存款	非银行业金融机构存款	本外币各项贷款	上市公司	发行股票	股份总数	地区生产总值	进出口总额	科学技术投入	教育投入
财政性存款	0.987	0.793	0.956	0.684	0.977	0.882	0.970	0.989	1.000	0.971	0.983	0.931	0.930	−0.034	0.946	0.937	0.929	0.846
非银行业金融机构存款	0.958	0.732	0.925	0.722	0.950	0.816	0.962	0.966	0.971	1.000	0.961	0.950	0.948	0.049	0.918	0.970	0.919	0.742
本外币各项贷款	0.998	0.834	0.982	0.731	0.997	0.923	0.993	0.990	0.983	0.961	1.000	0.955	0.955	0.100	0.980	0.958	0.965	0.869
上市公司	0.941	0.694	0.906	0.784	0.939	0.803	0.975	0.930	0.931	0.950	0.955	1.000	0.999	0.285	0.934	0.979	0.984	0.713
发行股票	0.940	0.691	0.905	0.784	0.939	0.801	0.976	0.928	0.930	0.948	0.955	0.999	1.000	0.291	0.934	0.979	0.984	0.710
股份总数	0.047	−0.044	0.052	0.369	0.078	0.024	0.182	−0.017	−0.034	0.049	0.100	0.285	0.291	1.000	0.170	0.259	0.294	−0.081
地区生产总值	0.976	0.846	0.964	0.703	0.980	0.937	0.975	0.952	0.946	0.918	0.980	0.934	0.934	0.170	1.000	0.930	0.959	0.893
进出口总额	0.944	0.708	0.913	0.793	0.942	0.812	0.972	0.934	0.937	0.970	0.958	0.979	0.979	0.259	0.930	1.000	0.960	0.721
科学技术投入	0.950	0.726	0.921	0.801	0.952	0.847	0.981	0.930	0.929	0.919	0.965	0.984	0.984	0.294	0.959	0.960	1.000	0.775
教育投入	0.882	0.891	0.897	0.543	0.890	0.970	0.819	0.863	0.846	0.742	0.869	0.713	0.710	−0.081	0.893	0.721	0.775	1.000

表 5-9　2019 年安徽 16 市金融资本公因子方差

	初始	提取
金融业生产总值	1.000	0.996
金融业就业人数	1.000	0.835
金融业人员工资总额	1.000	0.983
金融业人员年平均工资	1.000	0.753
本外币各项存款	1.000	0.999
住户存款	1.000	0.912
非金融企业存款	1.000	0.991
机关团体存款	1.000	0.985
财政性存款	1.000	0.964
非银行业金融机构存款	1.000	0.918
本外币各项贷款	1.000	0.998
上市公司	1.000	0.972
发行股票	1.000	0.973
股份总数	1.000	0.785
地区生产总值	1.000	0.967
进出口总额	1.000	0.963
科学技术投入	1.000	0.979
教育投入	1.000	0.866

接着分析 2019 年安徽 16 市金融资本赋能解释的总方差，表 5-10 为安徽 16 市 18 个变量初始特征值、方差贡献率，以及提取三个公因子后的特征值、方差贡献率。在提取 2019 年安徽金融资本总方差过程中，第一成分、第二成分、第三成分分别为 15.336、1.502、0.621，前两个数值均大于 1，从第三个数值开始小于 1，在此选择前两个成分能够得到约 94%的累计贡献率，同时可以解释 94%的总方差。

表 5-10　2019 年安徽金融资本解释的总方差

成分	初始特征值			提取平方和载入		
	合计	方差的 %	累积 %	合计	方差的 %	累积 %
1	15.336	85.198	85.198	15.336	85.198	85.198
2	1.502	8.344	93.542	1.502	8.344	93.542
3	0.621	3.450	96.992			
4	0.343	1.903	98.896			
5	0.098	0.543	99.439			

（续表）

成分	初始特征值			提取平方和载入		
	合计	方差的 %	累积 %	合计	方差的 %	累积 %
6	0.047	0.260	99.698			
7	0.019	0.107	99.805			
8	0.014	0.077	99.881			
9	0.009	0.052	99.934			
10	0.007	0.038	99.972			
11	0.003	0.018	99.990			
12	0.001	0.006	99.995			
13	0.001	0.004	99.999			
14	0.000	0.001	100.000			
15	0.000	0.000	100.000			
16	0.000	0.000	100.000			
17	0.000	0.000	100.000			
18	(0.000)	(0.000)	100.000			

提取方法:主成分分析。

选取安徽金融资本主成分也可以借助碎石图来完成，如图 5-1 所示。碎石图中的点 2 是由陡峭转向平稳的明显转折点，在此选取两个主成分也是合理的。

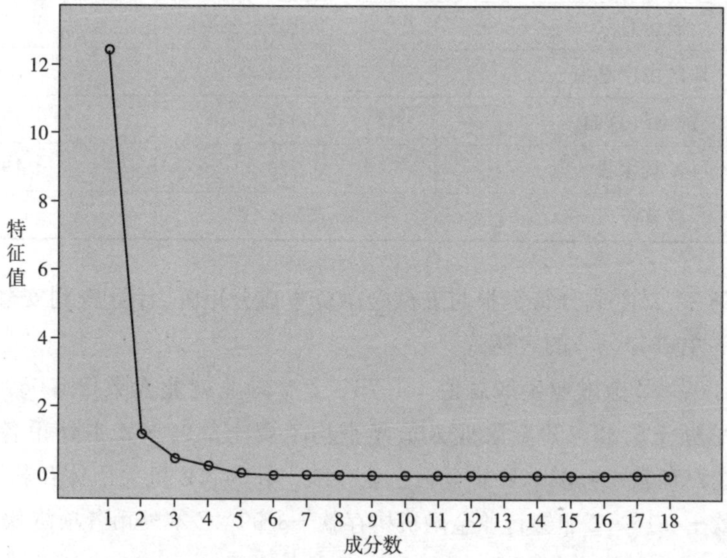

图 5-1　2019 年安徽金融资本主成分分析碎石图

第一主成分、第二主成分与金融业生产总值等18个原始变量之间的关系见表5－11。

表5－11 2019年安徽16市金融资本成分矩阵

指标	成分	
	1	2
金融业生产总值	0.995	－0.084
金融业就业人数	0.837	－0.368
金融业人员工资总额	0.982	－0.134
金融业人员年平均工资	0.748	0.440
本外币各项存款	0.997	－0.067
住户存款	0.929	－0.223
非金融企业存款	0.993	0.068
机关团体存款	0.985	－0.121
财政性存款	0.976	－0.109
非银行业金融机构存款	0.958	0.017
本外币各项贷款	0.998	－0.026
上市公司	0.960	0.224
发行股票	0.959	0.230
股份总数	0.132	0.876
地区生产总值	0.983	－0.006
进出口总额	0.962	0.197
科学技术投入	0.970	0.198
教育投入	0.868	－0.336

利用第一、二主成分特征根与安徽金融资本成分矩阵，计算得到安徽金融资本竞争力第一主成分(y_1)的表达式：

y_1＝4.00×Z金融业生产总值＋4.76×Z金融业就业人数＋4.05×Z金融业人员工资总额＋5.32×Z金融业人员年平均工资＋3.99×Z本外币各项存款＋4.29×Z住户存款＋4.01×Z非金融企业存款＋4.04×Z机关团体存款＋4.08×Z财政性存款＋4.16×Z非银行业金融机构存款＋3.99×Z本外币各项贷款＋4.15×Z上市公司＋4.15×Z发行股票＋30.16×Z股份总数＋4.05×Z地区生产总值＋4.14×Z进出口总额＋4.10×Z科学技术投入＋4.59×Z教育投入

第二主成分(y_2)的表达式：

y_2＝－12.71×Z金融业生产总值－2.90×Z金融业就业人数－7.97×Z金融业人员工资总额＋2.43×Z金融业人员年平均工资－15.94×Z本外币各项存款－4.79×Z住户存款＋15.70×Z非金融企业存款－8.82×Z机关团体存款－9.80×Z财政性存款＋62.81×Z非银行业金融机构存款－41.07×Z本外币各项贷款＋4.77×Z上市公司＋4.64×Z发行股票＋1.22×Z股份总数－177.95×Z地区生产总值＋5.42×Z进出口总额＋5.39×Z科学技术投入－3.18×Z教育投入

借助第一、二主成分计算公式，得到安徽金融资本城市竞争力评价分数，具体见表5-12。

表5-12 2019年安徽金融资本城市竞争力得分表

城市	F_1	F_2	综合得分
合肥	246.45	－631.65	157.26
淮北	－34.74	137.06	－18.16
亳州	－43.64	34.60	－34.30
宿州	－44.73	6.94	－37.53
蚌埠	－17.09	18.75	－13.00
阜阳	－9.43	－102.46	－16.59
淮南	－37.66	84.92	－25.00
滁州	－18.22	－36.40	－18.56
六安	－22.70	42.82	－15.76
马鞍山	24.59	42.75	24.52
芜湖	111.73	－122.48	84.97
宣城	－29.18	72.95	－18.78
铜陵	11.15	170.93	23.76
池州	－66.48	149.39	－44.18
安庆	－15.28	－21.13	－14.78
黄山	－54.76	153.01	－33.89

通过分析2019年安徽金融资本竞争力发现，合肥金融资本竞争力以高于平均值157.26位居第一名。如图5-2所示，合肥的金融业生产总值达869.07亿元，金融业就业人数为41639人，金融业人员工资总额为578420万元，金融业人员年平均工资141247元，本外币各项存款为16417.2486亿元，住户存款为4712.3986亿元，非金融企业存款为6412.3831亿元，机关团体存款为4079.2102亿元，财政性存款为603.6145亿元，非银行业金融机构存款为596.1981亿元，本外币各项贷款为15854.8318亿元，上市公司46家，发行股票48支，地区生产总值9409.4亿元，进出口总额6873252万美元，科学技术投入1303222万元，教育投入194.0527亿元，这些指标远远超过其他城市，优势非常突出。

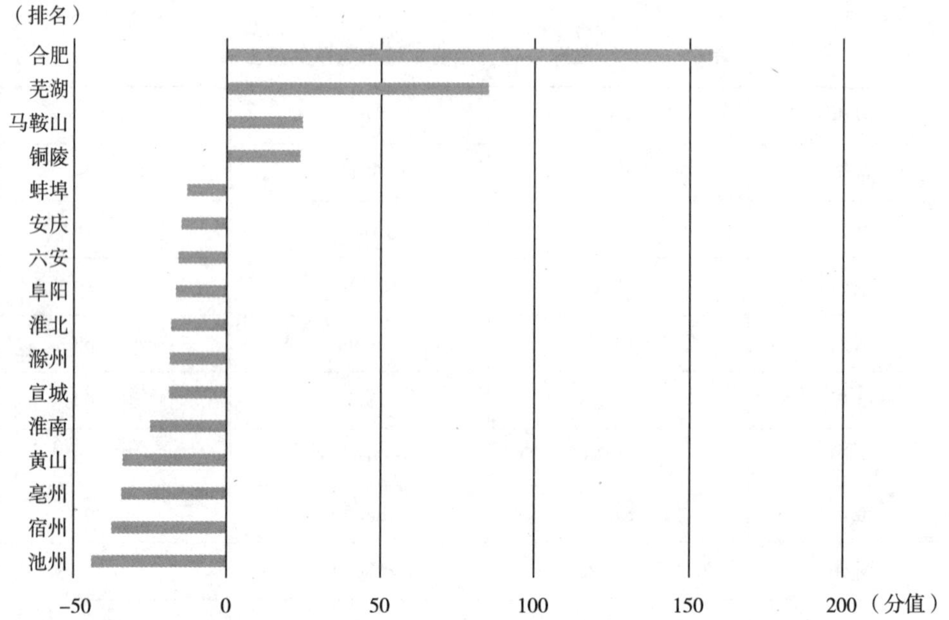

图5-2 2019年安徽16市金融资本竞争力综合排名

芜湖金融资本以高于平均值84.97位居第二名，这与芜湖股份总数远远超于其他城市息息相关。马鞍山、铜陵以高于平均值24.52、23.76分别位居第三名、第四名。蚌埠、安庆、六安、阜阳、淮北、滁州、宣城、淮南、黄山、亳州、宿州、池州以低于平均值13.00、14.78、15.76、16.59、18.16、18.56、18.78、25.00、33.89、34.30、37.53、44.18分别位居第五名、第六名、第七名、第八名、第九名、第十名、第十一名、第十二名、第十三名、第十四名、第十五名、第十六名。

（二）2020年金融资本竞争力实证分析

对搜集到的2020年安徽金融业生产总值等18个三级指标数据从极大值、极小值、均值、标准差、峰度、偏度等方面进行描述性分析，见表 5 - 13。

表 5 - 13　2020 年安徽金融资本数据描述性统计量

指标	极大值	极小值	均值	标准差	峰度	偏度
金融业生产总值(亿元)	970.26	39.14	161.63	220.34	14.39	3.72
金融业就业人数(人)	125166	4671	17185.44	29042.78	15.35	3.88
金融业人员工资总额(万元)	1261765	44956	157192.6	296544.2	15.48	3.91
金融业人员年平均工资(元)	113553	63285	86429.13	14460.56	−0.85	0.30
本外币各项存款(万元)	186753063	12338576	37025433.5	41194200.9	13.72	3.60
住户存款(万元)	56368608	8390247	18867745	11688541	7.15	2.43
非金融企业存款(万元)	69235358	1892987	9241658	16146528	15.30	3.88
机关团体存款(万元)	40769848	1268986	5877601	9422932	15.04	3.83
财政性存款(万元)	5322451	95049	839467.8	1227864	14.03	3.66
非银行业金融机构存款(万元)	14796880	536	1106267	3660686	15.79	3.96
本外币各项贷款(万元)	181665695	8608972	32311134.63	40821980.32	14.18	3.68
上市公司(家)	58	0	7.875	13.94	13.01	3.50
发行股票(只)	60	0	8.25	14.40	12.97	3.50
股份总数(万股)	4416776	0	815517.9	1207624	4.88	2.21
地区生产总值(亿元)	10045.72	850.4	2417.53	2192.46	10.99	3.12
进出口总额(万美元)	3220976	59844	429578.1	777057	12.92	3.48
科学技术投入(万元)	1633287	25377	213730.6	397790.4	12.52	3.46
教育投入(万元)	1975427	225563	703203.1	449379.5	3.30	1.54

由表可知，安徽 16 市除金融业人员年平均工资极大值为 113553 元，极小值为 63285 元，数据呈现轻微右偏分布，接近对称分布，且呈现扁平分布，其余 17 个三级指标均呈现高度右偏分布，且呈现尖峰分布。

运用主成分分析对 2020 年安徽金融资本竞争力进行实证研究，首先需要了解金融业生产总值等 18 个变量间的相关关系，具体可由相关系数矩阵反映，见表 5 - 14。由表中可以清晰地看出，除金融业人员年平均工资外，金融业生产总值与其余 16 个变量相关系数均大于 0.3，意味着需要借助主成分分析对其进行降维处理。

表 5-14　2020 年安徽金融资本相关系数矩阵

变量	金融业生产总值	金融业就业人数	金融业人员工资总额	金融业人员年平均工资	本外币各项存款	住户存款	非金融企业存款	机关团体存款	财政性存款	非银行业金融机构存款	本外币各项贷款	上市公司	发行股票	股份总数	地区生产总值	进出口总额	科学技术投入	教育投入
金融业生产总值	1.000	0.987	0.987	0.209	0.997	0.935	0.978	0.994	0.977	0.974	0.999	0.953	0.952	0.803	0.977	0.948	0.964	0.860
金融业就业人数	0.987	1.000	0.999	0.163	0.983	0.900	0.994	0.993	0.977	0.988	0.986	0.944	0.943	0.779	0.946	0.945	0.945	0.814
金融业人员工资总额	0.987	0.999	1.000	0.206	0.984	0.895	0.993	0.993	0.978	0.990	0.986	0.952	0.951	0.793	0.946	0.952	0.953	0.807
金融业人员年平均工资	0.209	0.163	0.206	1.000	0.241	0.220	0.149	0.192	0.194	0.210	0.236	0.323	0.329	0.444	0.254	0.335	0.340	0.171
本外币各项存款	0.997	0.983	0.984	0.241	1.000	0.950	0.972	0.990	0.968	0.966	0.998	0.953	0.952	0.816	0.983	0.947	0.966	0.869
住户存款	0.935	0.900	0.895	0.220	0.950	1.000	0.877	0.919	0.878	0.850	0.935	0.827	0.825	0.687	0.945	0.827	0.864	0.961
非金融企业存款	0.978	0.994	0.993	0.149	0.972	0.877	1.000	0.986	0.975	0.989	0.977	0.945	0.944	0.778	0.937	0.950	0.935	0.782
机关团体存款	0.994	0.993	0.993	0.192	0.990	0.919	0.986	1.000	0.980	0.982	0.991	0.947	0.945	0.773	0.956	0.939	0.951	0.838

（续表）

变量	金融业生产总值	金融业就业人数	金融业人员工资总额	金融业人员年平均工资	本外币各项存款	住户存款	非金融企业存款	机关团体存款	财政性存款	非银行业金融机构存款	本外币各项贷款	上市公司	发行股票	股份总数	地区生产总值	进出口总额	科学技术投入	教育投入
财政性存款	0.977	0.977	0.978	0.194	0.968	0.878	0.975	0.980	1.000	0.964	0.977	0.942	0.940	0.752	0.951	0.928	0.945	0.816
非银行业金融机构存款	0.974	0.988	0.990	0.210	0.966	0.850	0.989	0.982	0.964	1.000	0.973	0.964	0.963	0.816	0.924	0.971	0.952	0.742
本外币各项贷款	0.999	0.986	0.986	0.236	0.998	0.935	0.977	0.991	0.977	0.973	1.000	0.960	0.960	0.822	0.983	0.956	0.971	0.858
上市公司	0.953	0.944	0.952	0.323	0.953	0.827	0.945	0.947	0.942	0.964	0.960	1.000	1.000	0.915	0.945	0.984	0.990	0.703
发行股票	0.952	0.943	0.951	0.329	0.952	0.825	0.944	0.945	0.940	0.963	0.960	1.000	1.000	0.918	0.945	0.985	0.990	0.700
股份总数	0.803	0.779	0.793	0.444	0.816	0.687	0.778	0.773	0.752	0.816	0.822	0.915	0.918	1.000	0.833	0.913	0.908	0.542
地区生产总值	0.977	0.946	0.946	0.254	0.983	0.945	0.937	0.956	0.951	0.924	0.983	0.945	0.945	0.833	1.000	0.934	0.965	0.876
进出口总额	0.948	0.945	0.952	0.335	0.947	0.827	0.950	0.939	0.923	0.971	0.956	0.984	0.985	0.913	0.934	1.000	0.971	0.701
科学技术投入	0.964	0.945	0.953	0.340	0.966	0.864	0.935	0.951	0.945	0.952	0.971	0.990	0.990	0.908	0.965	0.971	1.000	0.760
教育投入	0.860	0.814	0.807	0.171	0.869	0.961	0.782	0.838	0.816	0.742	0.858	0.703	0.700	0.542	0.876	0.701	0.760	1.000

运用 SPSS 软件对 2020 年安徽金融资本竞争力进行主成分分析时，对 16 个样本城市的 18 个金融资本变量进行公因子方差分析，见表 5-15，这表明从原始变量中提取信息量的程度。金融业生产总值等 18 个变量的共性方差均在 0.7 以上，表明从 2020 年安徽金融资本中提取的公因子能够代表原始变量信息。

表 5-15　2020 年安徽 16 市金融资本公因子方差

变量	初始	提取
金融业生产总值	1.000	0.996
金融业就业人数	1.000	0.983
金融业人员工资总额	1.000	0.981
金融业人员年平均工资	1.000	0.859
本外币各项存款	1.000	0.994
住户存款	1.000	0.866
非金融企业存款	1.000	0.970
机关团体存款	1.000	0.988
财政性存款	1.000	0.959
非银行业金融机构存款	1.000	0.959
本外币各项贷款	1.000	0.998
上市公司	1.000	0.968
发行股票	1.000	0.969
股份总数	1.000	0.862
地区生产总值	1.000	0.961
进出口总额	1.000	0.961
科学技术投入	1.000	0.978
教育投入	1.000	0.743

接着分析 2020 年安徽 16 市金融资本赋能解释的总方差，表 5-16 为安徽 16 市 18 个变量初始特征值、方差贡献率，以及提取三个公因子后的特征值、方差贡献率。由表可知，第一成分的初始特征值为 15.853，远高于 1；第二成分的初始特征值为 1.140，同样大于 1；第三主成分的初始特征值为 0.636，小于 1。对安徽金融

资本选取两个公共因子可以得到94.404%的累计贡献率，同时能够解释约94%的总方差。

表5-16　2020年安徽金融资本解释的总方差

成分	初始特征值			提取平方和载入		
	合计	方差的 %	累积 %	合计	方差的 %	累积 %
1	15.853	88.072	88.072	15.853	88.072	88.072
2	1.140	6.332	94.404	1.140	6.332	94.404
3	0.636	3.534	97.938			
4	0.227	1.260	99.198			
5	0.067	0.370	99.568			
6	0.026	0.144	99.712			
7	0.022	0.125	99.837			
8	0.013	0.075	99.912			
9	0.006	0.035	99.946			
10	0.004	0.024	99.970			
11	0.003	0.018	99.988			
12	0.001	0.007	99.994			
13	0.001	0.005	99.999			
14	0.000	0.001	100.000			
15	6.635E－5	0.000	100.000			
16	9.896E－16	5.498E－15	100.000			
17	4.583E－16	2.546E－15	100.000			
18	－4.832E－17	－2.684E－16	100.000			

提取方法：主成分分析。

选取安徽金融资本主成分也可以借助碎石图，如图5-3所示，碎石图的点2、点3是由陡峭趋向平稳的明显转折点，选取前两个主成分是合理的。

第一主成分、第二主成分与金融业生产总值等18个原始变量之间的关系见表5-17。

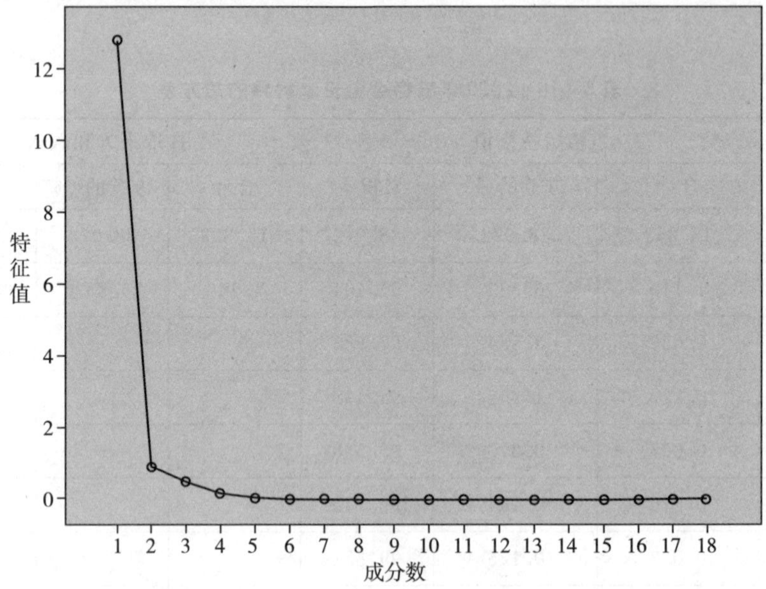

图 5-3　2020 年安徽金融资本主成分分析碎石图

表 5-17　2020 年安徽 16 市金融资本成分矩阵

指标	成分	
	1	2
金融业生产总值	0.995	−0.084
金融业就业人数	0.984	−0.120
金融业人员工资总额	0.987	−0.075
金融业人员年平均工资	0.272	0.886
本外币各项存款	0.995	−0.055
住户存款	0.920	−0.143
非金融企业存款	0.978	−0.118
机关团体存款	0.988	−0.106
财政性存款	0.974	−0.097
非银行业金融机构存款	0.979	−0.034
本外币各项贷款	0.998	−0.052
上市公司	0.975	0.132
发行股票	0.974	0.139
股份总数	0.850	0.375

（续表）

指标	成分	
	1	2
地区生产总值	0.980	−0.025
进出口总额	0.971	0.139
科学技术投入	0.981	0.122
教育投入	0.830	−0.232

借助第一、二主成分与安徽金融资本原始变量成分矩阵信息，计算得到安徽金融资本竞争力第一主成分（y_1）的表达式：

y_1＝4.00×Z金融业生产总值＋4.05×Z金融业就业人数＋4.03×Z金融业人员工资总额＋14.64×Z金融业人员年平均工资＋4.00×Z本外币各项存款＋4.33×Z住户存款＋4.07×Z非金融企业存款＋4.03×Z机关团体存款＋4.09×Z财政性存款＋4.07×Z非银行业金融机构存款＋3.99×Z本外币各项贷款＋4.08×Z上市公司＋4.09×Z发行股票＋4.68×Z股份总数＋4.06×Z地区生产总值＋4.10×Z进出口总额＋4.06×Z科学技术投入＋4.80×Z教育投入

第二主成分（y_2）的表达式：

y_2＝－12.71×Z金融业生产总值－8.90×Z金融业就业人数－14.24×Z金融业人员工资总额＋1.21×Z金融业人员年平均工资－19.41×Z本外币各项存款－7.47×Z住户存款－9.05×Z非金融企业存款－10.07×Z机关团体存款－11.01×Z财政性存款－31.40×Z非银行业金融机构存款－20.53×Z本外币各项贷款＋8.09×Z上市公司＋7.68×Z发行股票＋2.85×Z股份总数－42.71×Z地区生产总值＋7.68×Z进出口总额＋8.75×Z科学技术投入－4.60×Z教育投入

根据第一主成分、第二主成分公式，计算得到安徽金融资本城市竞争力综合得分，具体见表5－18。

表5－18　2020年安徽16市金融资本城市竞争力综合得分表

城市	F_1	F_2	综合得分
合肥	215.41	−567.73	153.77
淮北	−33.12	75.74	−24.37
亳州	−13.58	33.81	−9.82
宿州	−40.47	19.19	−34.43
蚌埠	−21.97	35.41	−17.11

（续表）

城市	F_1	F_2	综合得分
阜阳	－13.31	－34.20	－13.89
淮南	－37.86	48.76	－30.26
滁州	－4.26	0.45	－3.72
六安	4.49	18.04	5.10
马鞍山	－18.53	41.45	－13.70
芜湖	40.01	5.44	35.58
宣城	－23.11	59.80	－16.57
铜陵	1.96	88.90	7.36
池州	－40.58	86.25	－30.28
安庆	4.58	4.35	4.31
黄山	－19.66	84.35	－11.97

通过对2020年安徽金融资本竞争力分析发现，合肥金融资本竞争力以高于平均值153.77位居第1名，与2019年名次持平，合肥的金融业生产总值达970.26亿元，金融业就业人数为125166人，金融业人员工资总额为1261765万元，本外币各项存款为18675.3063亿元，住户存款为5636.8608亿元，非金融企业存款为6923.5358亿元，机关团体存款为4076.9848亿元，财政性存款为532.2451亿元，非银行业金融机构存款为1479.6880亿元，本外币各项贷款为18166.5695亿元，上市公司58家，发行股票60支，股份总数4416776万股，地区生产总值10045.72亿元，进出口总额7859430万美元，科学技术投入1633287万元，教育投入197.5427亿元，这些指标远远超过其他城市，优势非常突出，如图5-4所示。

芜湖金融资本以高于平均值35.58位居第2名，与2019年相比，名次没有发生变化，这与芜湖金融业人员年平均工资超于其他城市息息相关。铜陵以高于均值7.36位居第3名，相比2019年，提升了1个名次；六安高于均值5.1，从2019年的第7名提升至2020年的第4名；安庆以高于均值4.31位居第5名，相比2019年，提升了1个名次。滁州低于均值3.72，从2019年的第10名提升至2020年的第6名。亳州低于均值9.82，从2019年的第14名提升至2020年第7名。黄山低于均值11.97，从2019年第13名提升至2020年第8名。马鞍山低于均值13.7，从2019年的第3名下降至2020年的第9名。阜阳低于均值13.89，从2019年的第8名下降至2020年的第10名。宣城低于均值16.57，与2019年相比，名次没有发生变化，位居11名。蚌埠低于均值17.11，从2019年第5名下降至2020年的第

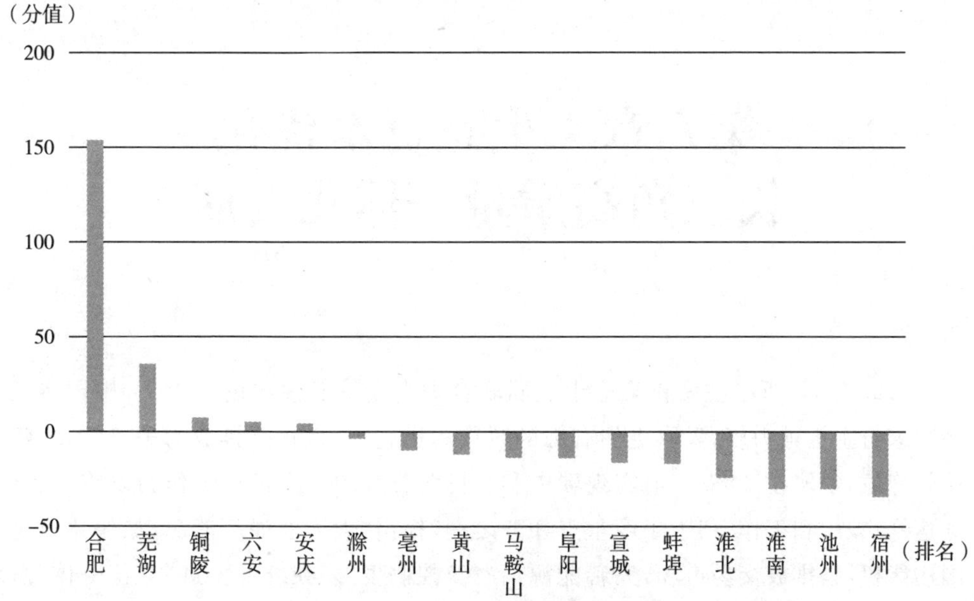

图 5-4　2020 年安徽 16 市金融资本竞争力综合排名

12 名。2020 年排名第 13 的是淮北，低于均值 24.37，相比 2019 年下降了 4 名。淮南低于均值 30.26，从 2019 年的第 12 名下降至 2020 年的第 14 名。池州低于均值 30.28，从 2019 年的第 16 名提升至 2020 年的第 15 名。宿州低于均值 34.43，从 2019 年的第 15 名下降至 2020 年的第 16 名。

第六章 生态资本优化长三角高质量一体化发展

2020年，习近平主席在第七十五届联合国大会一般性辩论上指出，中国将提高国家自主贡献力度，采取更加有力的政策和措施，二氧化碳排放力争于2023年达到峰值，争取在2060年前实现碳中和。目前召开的中央经济工作会议将“做好碳达峰，碳中和工作”列为年度重点任务之一，提出“大力发展新能源，加快建设全国用能权，碳排放交易市场，完善能源消费双控制度”。在统筹推进“五位一体”总体布局下，一是实现经济增长与碳排放量脱钩，促进长三角高质量发展；二是构建多维度区域协同发展路径，推动长三角一体化进程；三是探索产业与能源深度转型路径，打造长三角可持续发展样板。在加快生态文明建设的大背景下以习近平生态文明思想为指导，中国的环境治理工作正在进入体系化发展的新阶段。

第一节 长三角区域碳排放现状

就排放总量而言，长三角呈总量渐增、增速放缓、强度下降趋势。2005—2019年间，长三角地区碳排放强度（指排放量与GDP的比值）由2.3吨/万元降至0.83吨/万元。就排放弹性而言，长三角整体碳脱钩趋势初显。碳排放弹性，指碳排放量变化与GDP变化的比率，可反映经济发展与GDP的脱钩效应，2005—2019年间，长三角平均排放弹性为0.36，即单位GDP每增长1%，地区碳排放量增长0.36%，虽然地区间差距仍较大，但整体经济增长与碳排放脱钩趋势初显。

从能源结构来看，化石能源仍占主导地位，2018年，长三角地区的煤炭消费量约为6.07亿吨，石油消费量为1.08亿吨，天然气消费量为544亿立方米，分别占全国比例的15.9%、17.7%、20.0%。能源供给方面，能源依赖情况仍然严重。长三角地区煤炭资源主要依赖外地区调入，石油资源则依赖国外进口，天然气资源则二者兼顾，安徽煤炭资源虽相对较为丰富也仍需从外省调入。重化工业比重整体较高，2018 年，上海、江苏、浙江、安徽重化工业比重分别达到 65.44%、62.04%、63.88%、66.46%，均高于全国平均水平(62.15%)，长三角地区生态环境仍处于超载状态。

近年来，碳减排已成为学者们讨论的热点问题之一，本章尝试从碳减排视角探索安徽生态资本优化长三角高质量一体化发展。关于碳减排机制与方法研究已取得初步进展，如：碳交易机制与绿色发展紧密相关，节能减排目标的实现主要通过优化能源消耗结构和增加绿色技术投资实现(Liu，2021)。地方政策竞争是城镇化进程中的关键因素(Li，2022)，碳交易政策能够降低试点地区的碳排放强度，提高碳市场规模、活跃度均能够带来试点地区碳排放强度的下降(曾诗鸿，2022)。碳交易试点政策能够增加高污染行业的科研支出，带动了企业绿色创新活动的进展(姚星等，2022)。如果对高排放制造商与低排放制造商设置不同的碳配额，企业利润呈现出不同的变化趋势(张桂涛等，2021)。与碳税相比，碳排放交易方案具有更高的成本效率和更低的分配效应(Barragán－Beaud，C.，2018)。针对碳减排方法，主要使用 Stackelberg 博弈模型(Liu et al.，2021；Wang et al.，2021)、面板数据模型(Li et al.，2022)、DEA 模型(Yang et al.，2022)，也有学者(夏良杰等，2022；张铁山等，2021；陆秋琴等，2022)将演化博弈理论引入碳交易之中，但缺乏碳交易中政企之间作用机制的研究。事实上，梳理政企在碳交易中的博弈关系不仅有助于探索碳减排的最优路径，也能为碳市场的发展提供思路。因此，本章将政府行为纳入碳交易的统一分析框架，构建企业－政府、企业－企业－政府的两方与三方演化博弈模型，探索政企碳减排博弈中面临的实际问题。

第二节　碳交易多主体驱动机理

本节从两个视角阐明碳交易多主体驱动机理，即政府参与驱动企业碳交易演化机理与企业主体驱动碳交易演化机理，构建理论分析框架，探索企业－政府、企业－企业－政府的多主体互动关系。

(一)政府参与驱动碳交易演化机理

碳排放是一种生产的负外部性行为，即碳排放的边际社会成本大于边际私人成本，企业排放碳行为影响了其他人或企业，却没有为之承担相应的成本费用，导致出现资源配置不合理、效率损失等现象。按照政府家长主义观点，企业会时常不明智，没有远见，缺乏足够的动力实施碳减排，不会主动进行碳减排交易，故政府参与可很好地解决环境的负外部性问题，例如通过制定一系列的激励政策对企业碳减排交易进行扶持，适宜的补贴力度是鼓励企业实施碳减排交易的有效手段。配额交易体系被多个国家采纳，如欧盟实施温室气体排放交易机制（即 EU－ETS），用于激励督促企业进行碳减排。

（二）企业主体驱动碳交易演化机理

碳交易机制是采用市场形式的环境规制，会促使碳减排成本内在化。减排成本不同的企业根据自身条件完成减排任务，减排成本高的企业可购买碳配额，减排成本低的企业为获得更多利润可承担较多减排任务。企业要承担碳排放给社会带来的全部成本，这有助于实现资源的合理配置，最终达到降低碳排放强度的目的。

在碳市场发展过程中，碳交易政策、财政补贴政策、处罚政策等正负向激励手段协同配合，监督企业公开碳信息，通过合规成本直接影响企业行为。企业作为碳交易实施的主体，会基于自身利益的考量进行决策。碳交易会倒逼企业改变传统的粗放型能源排放形式，推动企业淘汰落后工艺，加大环保技术投入，创新低碳技术，开发低碳产品和低碳服务，降低碳排放量，将剩余碳排放额度转化为经济效益。低碳企业在市场中能够获得竞争优势，受到社会的认可，产生技术引领与示范效应，带动更多企业进行技术创新，这就是碳减排的扩散效应。

第三节　演化博弈模型构建与分析

基于碳交易多主体演化机理，本节设定企业一政府两方演化博弈模型以及企业一企业一政府三方演化博弈模型对碳交易行为的多主体博弈均衡进行探究。由于现实情况复杂多变，基于完全理性假设的传统博弈理论可靠性差，然而建立在有限理性假设基础上的演化博弈论能够有效解决稳定决策问题。演化博弈是从生物进化论视角，通过个体之间不断地学习、进化，最终达到一种稳定状态，形成演化稳定策略。由于企业、政府行为主体面临的环境较为复杂，拥有完全理性假设去分析主体最终稳定状态严重脱离实际。因此，本节基于有限理性假设，构建政府参与下的企业碳交易演化博弈模型，探究行为主体演化路径与策略选择。

（一）参数描述

对政府、参与碳排放的企业涉及的参数进行说明，相关参数符号及定义见表6－1。

表 6-1　模型参数及其定义

参数	定义
E_0^F	企业不减排(购买碳指标)时综合收益
ΔE_0^F	所有企业同时选择减排时增加的综合收益
ΔE_1^F	部分企业选择不减排(购买碳指标)、部分企业减排时企业收益($\Delta E_0^F > \Delta E_1^F > 0$)
E_0^G	企业不减排(购买碳指标)时政府收益
ΔE_0^G	所有企业同时选择减排时政府增加的收益($\Delta E_0^G > 0$)
ΔE_1^G	部分企业不减排(购买碳指标)、部分企业选择减排时政府收益
S	政府对减排企业的补贴
F	政府对不减排企业的惩罚
C_1^G	政府监督企业减排付出的规制成本
C_2^G	政府对企业是否减排没有实施规制损失的成本
C_1^F	企业实施减排付出的成本
C_2^F	企业不减排(购买碳指标)付出的成本
Q_0	政府免费给企业分配的碳配额
Q_1	企业积极减排时的碳排放量
Q_2	企业不减排时的碳排放量
P	碳交易价格

(二)模型基本假设

假设 1:参与主体。在碳交易过程中有三类参与主体,分别为政府环境规制部门、碳排放企业 1、碳排放企业 2。政府作为碳交易行为监管部门,选择实施监管或是不监管策略;企业作为碳排放的实施主体,相机选择实施碳减排与否。政府、企业 1、企业 2 作为有限知识与有限理性行为主体,三方存在信息不对称问题,在博弈过程中都是根据对方行为不断调整自身策略。因此,假定政府、企业 1、企业 2 是建立在有限理性基础之上进行博弈分析的。

假设 2:合作策略。在碳减排实施过程中,企业 1 与企业 2 依据有限知识选择进行碳减排,也可以选择不进行碳减排,选择购买碳指标,策略集合为(减排,购买)。政府环境规制部门依据有限信息选择规制企业碳减排,也可以选择不规制企业碳减排,其策略集合为(规制,不规制),其中规制是指政府对积极碳减排企业实施补贴激励,对消极碳减排企业采取惩罚措施。

假设 3:项目收益。假设企业选择不减排,企业的综合收益为 E_0^F,政府的收益为 E_0^G。如果企业都选择积极减排,企业生态效益、产品质量等都会随之提高,增加的收益为 ΔE_0^F,政府增加的收益为 ΔE_0^G。如果部分企业选择积极减排,部分企业选择不减排而是购买碳指标,那么政府增加的收益为 ΔE_1^G,减排企业增加的收益为 ΔE_1^F。同时,如果政府选择对减排企业给予补贴,此时补贴记为 S;如果政府选择对不减排企业采取惩罚措施,此时惩罚记为 F。

假设 4:项目成本。如果政府对减排企业实施积极规制,必然会付出人力、物力等成本,记为 C_1^G;如果政府对企业是否减排没有实施规制,政府损失的声誉成本与经济成本记为 C_2^G。此外,如果企业实施积极减排,那么会付出相应的成本,记为 C_1^F;如果企业不减排,企业将产生负面评价,带来的经济损失记为 C_2^F。

假设 5:交易机制。碳交易是指碳配额可以在企业之间实现流动,假定政府免费给企业分配的碳配额为 Q_0,企业积极减排时的碳排放量为 Q_1,企业不减排时的碳排放量为 Q_2,此时,$Q_1<Q_0<Q_2$。同时,假定 P 为碳交易价格,如果政府对碳减排企业实施规制政策,政府可从碳交易中获取利润,α 为利润分配系数。

(三)政府与企业双方演化博弈模型

在政府与企业双方演化博弈模型中,假设碳排放企业以 $x\in[0,1]$的概率选择进行碳减排,以$(1-x)$的概率选择不进行碳减排,而选择购买碳指标;政府以 $y\in[0,1]$的概率对碳减排企业进行规制,以$(1-y)$的概率选择不进行规制。依据政府、企业参与交易的概率及假设条件,得到政府与企业双方演化博弈支付矩阵,见表 6-2。

表 6-2 政府与企业碳交易演化博弈支付矩阵

策略		政府	
		规制(y)	不规制$(1-y)$
企业	减排(x)	$E_0^F+\Delta E_0^F-C_1^F+S+P(Q_0-Q_1)$	$E_0^F+\Delta E_0^F-C_1^F$
		$E_0^G+\Delta E_0^G-C_1^G-S+\alpha P(Q_0-Q_1)$	$E_0^G+\Delta E_0^G-C_2^G$
	购买$(1-x)$	$E_0^F-C_2^F-F-P(Q_2-Q_0)$	$E_0^F-C_2^F$
		$E_0^G-C_1^G+F+\alpha P(Q_2-Q_0)$	$E_0^G-C_2^G$

企业减排时期望收益 U_{F1}、企业购买碳指标期望收益 U_{F2} 以及平均收益 $\overline{U}_F$ 分别为:

$$U_{F1}=y[E_0^F+\Delta E_0^F-C_1^F+S+P(Q_0-Q_1)]+(1-y)(E_0^F+\Delta E_0^F-C_1^F) \tag{1}$$

$$U_{F2}=y[E_0^F-C_2^F-F-P(Q_2-Q_0)]+(1-y)(E_0^F-C_2^F) \tag{2}$$

$$\overline{U}_F=xU_{F1}+(1-x)U_{F2} \tag{3}$$

政府规制时期望收益U_{G1}、政府不规制期望收益U_{G2}以及平均收益$\overline{U}_G$分别为：

$$U_{G1}=x[E_0^G+\Delta E_0^G-C_1^G-S+\alpha P(Q_0-Q_1)]+(1-x)[E_0^G-C_1^G+F+\alpha P(Q_2-Q_0)] \tag{4}$$

$$U_{G2}=x(E_0^G+\Delta E_0^G-C_2^G)+(1-x)(E_0^G-C_2^G) \tag{5}$$

$$\overline{U}_G=yU_{G1}+(1-y)U_{G2} \tag{6}$$

企业与政府两者间的动态演化博弈可借助复制动态方程来刻画，企业的复制动态方程为：

$$\begin{aligned}F(x)&=\mathrm{d}x/\mathrm{d}t\\&=x(1-x)[y(S+F+PQ_2-PQ_1)+\Delta E_0^F+C_2^F\quad C_1^F]\end{aligned} \tag{7}$$

政府的复制动态方程为：

$$\begin{aligned}F(y)&=\mathrm{d}y/\mathrm{d}t\\&=y(1-y)[x(2\alpha PQ_0-\alpha PQ_1-\alpha PQ_2-S-F)+\alpha PQ_2+F-\alpha PQ_0-C_1^G]\end{aligned} \tag{8}$$

借助 Friedman 提出的 Jacobi 矩阵，判断演化博弈的局部稳定性，得到演化博弈系统的稳定策略，其中 Jacobi 矩阵的表达式如下所示：

$$\boldsymbol{J}=\begin{bmatrix}(1-2x)[y(S+F+PQ_2-PQ_1)+\Delta E_0^F+C_2^F-C_1^F] & x(1-x)(S+F+PQ_2-PQ_1)\\ y(1-y)(2\alpha PQ_0-\alpha PQ_1-\alpha PQ_2-S-F) & (1-2y)[x(2\alpha PQ_0-\alpha PQ_1-\alpha PQ_2-S-F)+\alpha PQ_2+F-\alpha PQ_0-C_1^G]\end{bmatrix}$$

令企业与政府复制动态方程为零，可推断得出 4 个局部均衡解，分别为$E_1(0,0)$、$E_2(0,1)$、$E_3(1,0)$、$E_4(1,1)$，据此可得到 Jacobi 矩阵特征值，具体见表 6－3。

表 6－3 企业与政府两方演化博弈 Jacobi 矩阵的特征值

均衡点	特征值 λ_1	特征值 λ_2
$E_1(0,0)$	$\Delta E_0^F + C_2^F - C_1^F$	$\alpha P(Q_2 - Q_0) + F - C_1^G$
$E_2(0,1)$	$\Delta E_0^F + S + F + P(Q_2 - Q_1) + C_2^F - C_1^F$	$C_1^G + \alpha P(Q_0 - Q_2) - F$
$E_3(1,0)$	$C_1^F - C_2^F - \Delta E_0^F$	$\alpha P(Q_0 - Q_1) - S - C_1^G$
$E_4(1,1)$	$C_1^F + P(Q_1 - Q_2) - \Delta E_0^F - C_2^F - S - F$	$C_1^G + S + \alpha P(Q_1 - Q_0)$

情形 1：$\Delta E_0^F < C_1^F - C_2^F < \Delta E_0^F + S + F$，$\alpha P(Q_2 - Q_0) + F < C_1^G < \alpha P(Q_0 - Q_1) - S$

当企业实施减排与不减排付出的成本之差介于企业选择减排时增加的收益与企业选择减排时增加的收益、政府对减排企业的补贴、政府对不减排企业的惩罚三者之和，政府监督企业减排付出的规制成本介于政府碳交易收益与政府对不减排企业的惩罚之和、政府碳交易收益与政府对减排企业的补贴之差之间时，企业与政府两方演化稳定策略有两个，分别是 $E_1(0,0)$ 和 $E_4(1,1)$，具体见表 6－4，即企业选择不减排，政府选择不规制；或企业选择减排，政府选择规制。

情形 2：$C_1^F - C_2^F > \Delta E_0^F + S + F + P(Q_2 - Q_1)$，$F + \alpha P(Q_2 - Q_0) > C_1^G$

当企业实施减排与不减排付出的成本之差高于企业选择减排时增加的收益、政府对减排企业的补贴、政府对不减排企业的惩罚、碳交易收益四者之和，且政府对不减排企业的惩罚与政府从碳交易获得收益之和高于政府对减排企业规制成本时，企业与政府两方演化博弈稳定策略是 $E_2(0,1)$，即企业选择不减排，政府选择规制。

情形 3：$C_1^F - C_2^F < \Delta E_0^F$，$\alpha P(Q_0 - Q_1) < S + C_1^G$

当企业实施减排与不减排付出的成本之差低于企业选择减排时增加的收益，政府从碳减排中获取收益低于政府对减排企业的补贴与政府对减排企业规制成本时，企业与政府两方演化博弈稳定策略是 $E_3(1,0)$，即企业选择减排，政府选择不规制。

表 6－4 企业与政府两方演化博弈均衡点局部稳定性

		$E_1(0,0)$	$E_2(0,1)$	$E_3(1,0)$	$E_4(1,1)$
情形1	λ_1	－	＋	＋	－
	λ_2	－	＋	＋	－
	稳定性	ESS	鞍点	鞍点	ESS

（续表）

		$E_1(0,0)$	$E_2(0,1)$	$E_3(1,0)$	$E_4(1,1)$
情形2	λ_1	−	−	+	+
	λ_2	+	−	+/−	+/−
	稳定性	不稳定点	ESS	不稳定点	不稳定点
情形3	λ_1	+	+	−	−
	λ_2	+/−	+/−	−	+
	稳定性	不稳定点	不稳定点	ESS	不稳定点

（四）政府与双方企业三方演化博弈模型

在演化博弈模型中，碳排放企业1、碳排放企业2、政府根据自身意愿进行策略选择，假设碳排放企业1以$x\in[0,1]$的概率选择进行碳减排，以$(1-x)$的概率选择不进行碳减排；碳排放企业2以$y\in[0,1]$的概率选择进行碳减排，以$(1-y)$的概率选择不进行碳减排；政府选择对碳减排企业进行规制的概率为$z\in[0,1]$，也可选择对企业不进行规制，其概率为$(1-z)$。根据三方演化概率及假设，推断两企业及政府三方的演化博弈支付矩阵，具体见表6-5和表6-6。

表6-5　政府参与下的三方演化博弈支付矩阵

策略		企业2 减排(y)	企业2 购买($1-y$)
企业1	减排(x)	$E_0^G+\Delta E_0^G-C_1^G-S+\alpha P(Q_0-Q_1)$	$E_0^G+\Delta E_1^G-C_1^G-S+F+\alpha P(Q_0-Q_1)+\alpha P(Q_2-Q_0)$
		$E_0^F+\Delta E_0^F-C_1^F+S+P(Q_0-Q_1)$	$E_0^F+\Delta E_1^F-C_1^F+S+P(Q_0-Q_1)$
		$E_0^F+\Delta E_0^F-C_1^F+S+P(Q_0-Q_1)$	$E_0^F-C_2^F-F-P(Q_2-Q_0)$
	购买($1-x$)	$E_0^G+\Delta E_1^G-C_1^G-S+F+\alpha P(Q_0-Q_1)+\alpha P(Q_2-Q_0)$	$E_0^G-C_1^G+F+\alpha P(Q_2-Q_0)$
		$E_0^F-C_2^F-F-P(Q_2-Q_0)$	$E_0^F-C_2^F-F-P(Q_2-Q_0)$
		$E_0^F+\Delta E_1^F-C_1^F+S+P(Q_0-Q_1)$	$E_0^F-C_2^F-F-P(Q_2-Q_0)$

表 6-6 政府不参与下的三方演化博弈支付矩阵

策略		企业 2 减排(y)	企业 2 购买($1-y$)
企业 1	减排(x)	$E_0^G+\Delta E_0^G-C_2^G$	$E_0^G+\Delta E_1^G-C_2^G$
		$E_0^F+\Delta E_0^F-C_1^F$	$E_0^F+\Delta E_1^F-C_1^F$
		$E_0^F+\Delta E_0^F-C_1^F$	$E_0^F-C_2^F$
	购买($1-x$)	$E_0^G+\Delta E_1^G-C_2^G$	$E_0^G-C_2^G$
		$E_0^F-C_2^F$	$E_0^F-C_2^F$
		$E_0^F+\Delta E_1^F-C_1^F$	$E_0^F-C_2^F$

根据企业间碳交易演化博弈支付矩阵，计算出政府在演化博弈时选择规制的期望收益 E_{G1}、选择不规制的期望收益 E_{G2} 和平均期望收益 $\bar{E}_G$ 分别为：

$$\begin{aligned}E_{G1}=&xy[E_0^G+\Delta E_0^G-C_1^G-S+\alpha P(Q_0-Q_1)]+x(1-y)\\&[E_0^G+\Delta E_1^G-C_1^G-S+F+\alpha P(Q_0-Q_1)+\alpha P(Q_2-Q_0)]\\&+y(1-x)[E_0^G+\Delta E_1^G-C_1^G-S+F+\alpha P(Q_0-Q_1)+\alpha P\\&(Q_2-Q_0)]+(1-x)(1-y)[E_0^G-C_1^G+F+\alpha P(Q_2-Q_0)]\end{aligned}\tag{9}$$

$$\begin{aligned}E_{G2}=&xy(E_0^G+\Delta E_0^G-C_2^G)+x(1-y)(E_0^G+\Delta E_1^G-C_2^G)\\&+y(1-x)(E_0^G+\Delta E_1^G-C_2^G)+(1-x)(1-y)(E_0^G-C_2^G)\end{aligned}\tag{10}$$

$$\bar{E}_G=zE_{G1}+(1-z)E_{G2}\tag{11}$$

在演化博弈过程中，企业 1 选择减排时的期望收益、选择不减排时的期望收益以及平均期望收益分别记为 E_{F11}、E_{F12} 和 $\bar{E}_{F1}$，即

$$\begin{aligned}E_{F11}=&yz[E_0^F+\Delta E_0^F-C_1^F+S+P(Q_0-Q_1)]+z(1-y)\\&[E_0^F+\Delta E_1^F-C_1^F+S+P(Q_0-Q_1)]+y(1-z)(E_0^F+\Delta E_0^F\\&-C_1^F)+(1-y)(1-z)(E_0^F+\Delta E_1^F-C_1^F)\end{aligned}\tag{12}$$

$$\begin{aligned}E_{F12}=&yz[E_0^F-C_2^F-F-P(Q_2-Q_0)]+z(1-y)[E_0^F\\&-C_2^F-F-P(Q_2-Q_0)]+y(1-z)(E_0^F-C_2^F)+(1-y)\\&(1-z)(E_0^F-C_2^F)\end{aligned}\tag{13}$$

$$\bar{E}_{F1}=xE_{F11}+(1-x)E_{F12}\tag{14}$$

企业 2 选择减排时的期望收益、选择不减排时的期望收益以及平均期望收益分别记为 E_{F21}、E_{F22} 和 $\bar{E}_{F2}$，即

$$E_{F21}=xz[E_0^F+\Delta E_0^F-C_1^F+S+P(Q_0-Q_1)]+z(1-x)[E_0^F+\Delta E_1^F-C_1^F+S+P(Q_0-Q_1)]+x(1-z)(E_0^F+\Delta E_0^F-C_1^F)+(1-x)(1-z)(E_0^F+\Delta E_1^F-C_1^F) \tag{15}$$

$$E_{F22}=xz[E_0^F-C_2^F-F-P(Q_2-Q_0)]+z(1-x)[E_0^F-C_2^F-F-P(Q_2-Q_0)]+x(1-z)(E_0^F-C_2^F)+(1-x)(1-z)(E_0^F-C_2^F) \tag{16}$$

$$\bar{E}_{F2}=yE_{F21}+(1-y)E_{F22} \tag{17}$$

三方主体动态演化博弈可依据复制动态方程来推断，企业 1 的复制动态方程为：

$$F(x)=\mathrm{d}x/\mathrm{d}t=x(1-x)[z(S+F+PQ_2-PQ_1)+y(\Delta E_0^F-\Delta E_1^F)+C_2^F+\Delta E_1^F-C_1^F] \tag{18}$$

企业 2 的复制动态方程为：

$$F(y)=\mathrm{d}y/\mathrm{d}t=y(1-y)[z(S+F+PQ_2-PQ_1)+x(\Delta E_0^F-\Delta E_1^F)+C_2^F+\Delta E_1^F-C_1^F] \tag{19}$$

政府的复制动态方程为：

$$F(z)=\mathrm{d}z/\mathrm{d}t=z(1-z)[(1-xy)(F+\alpha PQ_2)-x(1-y)(S+\alpha PQ_1)-(1-x-y)\alpha PQ_0-y(S+\alpha PQ_1)+C_2^G] \tag{20}$$

根据企业 1、企业 2、政府三方复制动态方程，借助 Friedman 提出的 Jacobi 矩阵，判断演化博弈的局部稳定性，得到演化博弈系统的稳定策略，其中 Jacobi 矩阵的表达式如下所示：

$$
\boldsymbol{J}=\begin{bmatrix}
\begin{array}{c}(1-2x)[z(S+F+PQ_2-\\PQ_1)+y(\Delta E_0^F-\Delta E_1^F)+\\C_2^F+\Delta E_1^F-C_1^F]\end{array} & x(1-x)(\Delta E_0^F-\Delta E_1^F) & x(1-x)(S+F+PQ_2-PQ_1) \\
y(1-y)(\Delta E_0^F-\Delta E_1^F) & \begin{array}{c}(1-2y)[z(S+F+PQ_2\\-PQ_1)+x(\Delta E_0^F-\Delta E_1^F)\\+C_2^F+\Delta E_1^F-C_1^F]\end{array} & y(1-y)(S+F+PQ_2-PQ_1) \\
\begin{array}{c}z(1-z)[(S+\alpha PQ_1)(y-1)\\-y(F+\alpha PQ_2)+\alpha PQ_0]\end{array} & \begin{array}{c}z(1-z)[(S+\alpha PQ_1)(x-1)\\-x(F+\alpha PQ_2)+\alpha PQ_0]\end{array} & \begin{array}{c}(1-2z)[(1-xy)(F+\alpha PQ_2)\\-x(1-y)(S+\alpha PQ_1)-(1-\\x-y)\alpha PQ_0-y(S+\alpha PQ_1)\\+C_2^G]\end{array}
\end{bmatrix}
$$

令三方主体的复制动态方程为零，可计算得到 8 个 ESS，分别为 $E_1(0,0,0)$、$E_2(1,0,0)$、$E_3(0,1,0)$、$E_4(0,0,1)$、$E_5(0,1,1)$、$E_6(1,0,1)$、$E_7(1,1,0)$、$E_8(1,1,1)$。由均衡点得到 Jacobi 矩阵特征值，见表 6－7。

表 6－7　三方演化博弈 Jacobi 矩阵的特征值

均衡点	特征值 λ_1	特征值 λ_2	特征值 λ_3
$E_1(0,0,0)$	$\Delta E_1^F+C_2^F-C_1^F$	$\Delta E_1^F+C_2^F-C_1^F$	$F+C_2^G+\alpha P(Q_2-Q_0)$
$E_2(1,0,0)$	$C_1^F-C_2^F-\Delta E_1^F$	$\Delta E_0^F+C_2^F-C_1^F$	$F+C_2^G-S+\alpha P(Q_2-Q_1)$
$E_3(0,1,0)$	$\Delta E_0^F+C_2^F-C_1^F$	$C_1^F-C_2^F-\Delta E_1^F$	$F+C_2^G-S+\alpha P(Q_2-Q_1)$
$E_4(0,0,1)$	$S+F+C_2^F+\Delta E_1^F+P(Q_2-Q_1)-C_1^F$	$S+F+C_2^F+\Delta E_1^F+P(Q_2-Q_1)-C_1^F$	$\alpha P(Q_0-Q_2)-C_2^G-F$
$E_5(0,1,1)$	$\Delta E_0^F+C_2^F+S+F+P(Q_2-Q_1)-C_1^F$	$C_1^F+P(Q_1-Q_2)-C_2^F-\Delta E_1^F-S-F$	$S+\alpha P(Q_1-Q_2)-F-C_2^G$
$E_6(1,0,1)$	$C_1^F+P(Q_1-Q_2)-C_2^F-\Delta E_1^F-S-F$	$C_2^F+\Delta E_0^F+S+F+P(Q_2-Q_1)-C_1^F$	$S+\alpha P(Q_1-Q_2)-F-C_2^G$
$E_7(1,1,0)$	$C_1^F-C_2^F-\Delta E_0^F$	$C_1^F-C_2^F-\Delta E_0^F$	$\alpha P(Q_0-Q_1)+C_2^G-S$
$E_8(1,1,1)$	$C_1^F+P(Q_1-Q_2)-C_2^F-\Delta E_0^F-S-F$	$C_1^F+P(Q_1-Q_2)-C_2^F-\Delta E_0^F-S-F$	$S+\alpha P(Q_1-Q_0)-C_2^G$

当 $\Delta E_1^F + C_2^F > C_1^F$ 且 $C_2^G > S$ 时，即部分企业减排时收益与企业不减排（购买碳指标）付出的成本之和高于企业实施减排付出的成本，且政府对企业是否减排没有实施规制损失的成本高于政府对减排企业的补贴时，Jacobi 矩阵中存在一个 ESS，即 $E_8(1,1,1)$，具体见表 6－8，政府、企业 1、企业 2 相应地演化稳定策略为（规制，减排，减排）。

表 6－8　三方演化博弈均衡点局部稳定性

特征值	E_1 (0,0,0)	E_2 (1,0,0)	E_3 (0,1,0)	E_4 (0,0,1)	E_5 (0,1,1)	E_6 (1,0,1)	E_7 (1,1,0)	E_8 (1,1,1)
λ_1	＋	－	＋	＋	＋	－	－	－
λ_2	＋	＋	－	＋	－	＋	－	－
λ_3	＋	＋	＋	－	－	－	＋	－
稳定性	鞍点	非稳定点	非稳定点	非稳定点	非稳定点	非稳定点	非稳定点	ESS

第四节　生态资本优化高质量发展仿真模拟

为分析不同企业减排成本、政府规制、惩罚力度、补贴强度、碳配额下碳交易的稳定运行轨迹，利用 Matlab R2021b 对企业－政府两方与企业－企业－政府三方演化博弈模型进行仿真分析。在企业与政府演化博弈仿真分析中，设定 $E_0^F=100$，$E_0^G=80$，$\Delta E_0^F=20$，$\Delta E_1^F=30$，$\Delta E_1^G=10$，$\Delta E_0^G=20$，$C_2^F=40$，$C_2^G=40$，$S=30$，$P=20$，$\alpha=0.1$，本节分如下几种情形对演化博弈情形进行讨论。

（一）高减排成本

在高减排成本、高规制成本限制下，设定 $C_1^F=80$，$C_1^G=55$，$F=40$，$Q_0=25$，$Q_1=24$，$Q_2=26$。如图 6－1 所示，企业选择碳减排的初始意愿为 $x=0.1$，政府选择对企业减排进行规制的初始意愿为 $y=0.1$，x 在 0—0.2 时间内收敛于 0，y 收敛于 0 的速度较为缓慢。随着初始意愿的提高，$x=0.5$ 时，x 在 0—0.03 时间内收敛于 1，但 0.03 时间之后收敛于 0；$y=0.5$ 时，y 在 0—0.1 时间内收敛于 0。当初始意愿得到进一步提升时，$x=0.9$ 时，x 在 0—0.05 时间内收敛于 1，在 0.05 时间之后收敛于 0；$y=0.9$ 时，y 在 0—0.09 时间内收敛于 0。仿真结果表明，企业减排成本较高时，企业最终会收敛于不进行碳减排；然而随着碳减排初始意愿的增加，企业最初趋向收敛于进行碳减排，但受减排成本的制约，x 在 0.05 时间后企业最终收敛于不进行碳减排。受规制成本较高影响,政府最终收敛于选择对减排企业不进行规制;但随着政府规制意愿的增加,政府首先选择进行规制,随后慢慢转向不进行规制。

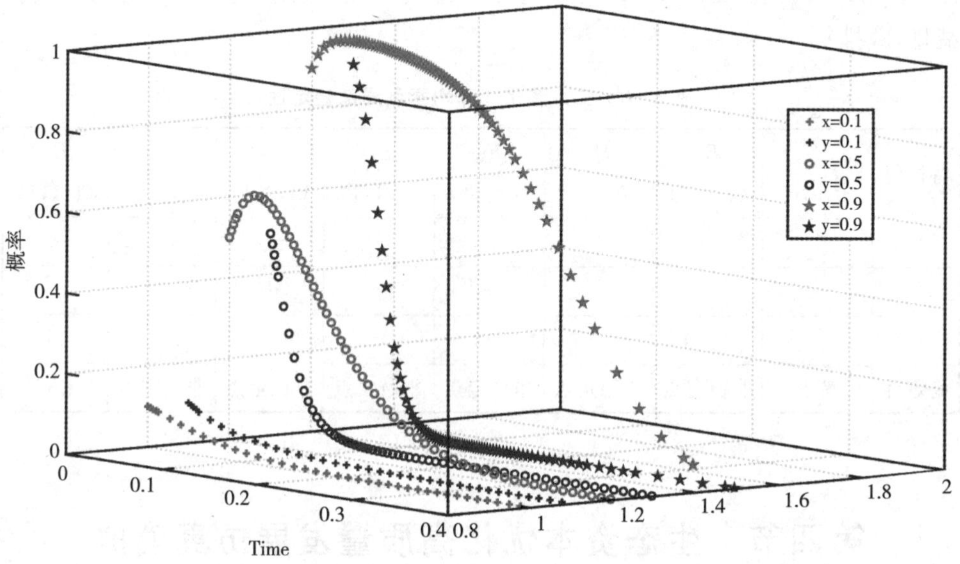

图 6-1　高减排成本与高规制成本情形下两方博弈系统演化路径

在高减排成本、高企业惩罚限制下,设定 $C_1^F=180$,$F=55$,$C_1^G=55$,$Q_0=25$,$Q_1=24$,$Q_2=26$。如图 6-2 所示,企业选择碳减排的初始意愿为 $x=0.1$,政府选择对企业减排进行规制的初始意愿为 $y=0.1$,在 0—0.05 时间内 x 收敛于 0,y 缓慢收敛于 1。随着初始意愿的提升,$x=0.5$ 时,在 0—0.1 时间内 x 收敛于 0;$y=0.5$ 时,在 0—0.03 时间内趋向于 0,在 0.03 时间后收敛于 1。当初始意愿进一步提升时,$x=0.9$ 时,在 0—0.01 时间内 x 下降速度缓慢,0.01 时间后快速收敛于 0;$y=0.9$ 时,在 0—0.07 时间内 y 趋向于 0,在 0.07 时间后 y 收敛于 1。仿真结果表明,当企业减排成本较高、政府对不减排企业惩罚力度较大时,企业收敛于选择不进行碳减排,政府最终收敛于对企业进行规制;然而随着初始意愿的增加,企业初始状态会发生改变,由最初快速收敛于不进行碳减排转变为最初倾向于碳减排随即收敛于不进行碳减排;政府初始状态会发生较大改变,由最初趋向于不规制转变为收敛于选择规制的时间变长。

假设企业减排成本较高、政府对减排企业规制成本较低时,设定 $C_1^F=179$,$C_1^G=45$,$F=40$,$S=30$,$Q_0=25$,$Q_1=24$,$Q_2=26$,碳交易三方演化路径如图 6-3 所示。假定企业 1 进行碳减排的初始意愿为 $x=0.3$,企业 2 进行碳减排的初始意愿

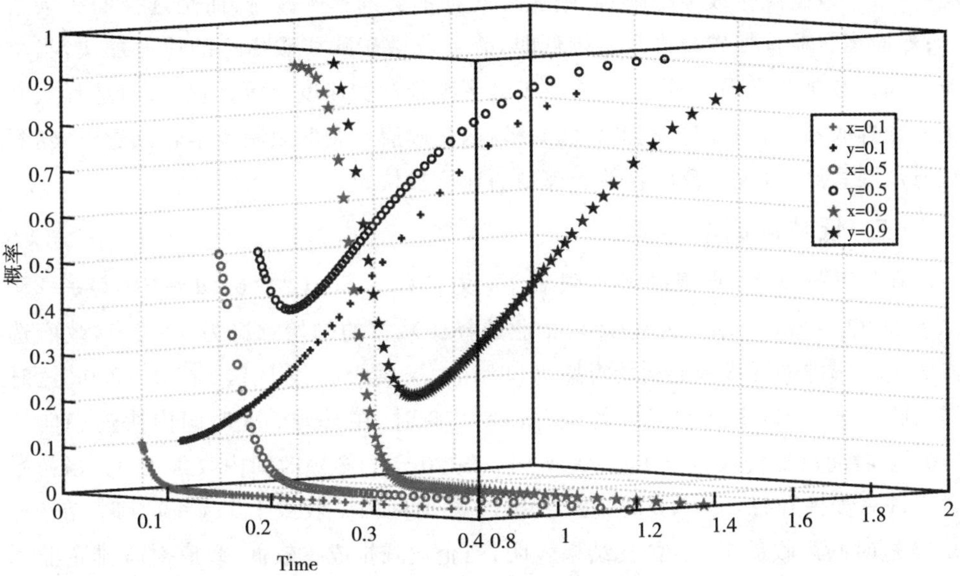

图 6-2 高减排成本与高企业惩罚情形下两方博弈系统演化路径

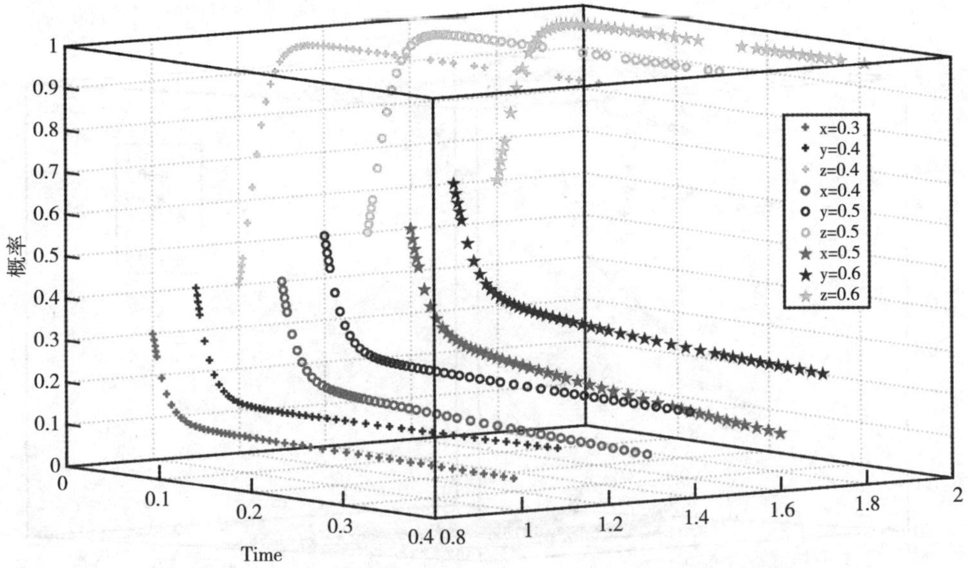

图 6-3 高减排成本与低规制成本情形下三方博弈系统演化路径

为 $y=0.4$，政府进行规制的初始意愿为 $z=0.4$ 时，x 与 y 缓慢收敛于 0，在 0—0.08 时间内 z 收敛于 1。随着企业 1、企业 2 与政府初始意愿的提高，即 $x=0.5$，$y=z=0.6$，x 与 y 同样缓慢收敛于 0，在 0—0.07 时间内 z 收敛于 1。仿真结果表明，如果企业碳减排成本很高时，企业最终都不会选择碳减排，而是选择购买碳指标；然而当企业选择碳减排意愿较低时，企业收敛于购买碳指标的速度加快，当企业选择碳减排意愿提升时，企业收敛于购买碳指标的速度放缓；但是政府选择规制企业碳排放不受企业减排成本高低的影响，受政府对企业规制成本较低影响，随着政府规制意愿的提高，政府收敛于规制的速度加快。

（二）低减排成本

在低减排成本、高规制成本限制下，设定 $C_1^F=55$，$C_1^G=55$，$F=40$，$Q_0=25$，$Q_1=24$，$Q_2=26$。如图 6-4 所示，企业选择碳减排的初始意愿为 $x=0.1$，政府选择对企业减排进行规制的初始意愿为 $y=0.1$，x 缓慢收敛于 1，y 在 0—0.08 短时间内收敛于 0。随着初始意愿的提升，$x=0.5$ 时，在 0—0.05 时间内快速趋向于 1，0.05 时间后缓慢收敛于 1；$y=0.5$ 时，y 在 0—0.07 短时间内收敛于 0。当初始意愿进一步提升时，$x=0.9$ 时，在 0—0.05 短时间内 x 收敛于 1；$y=0.9$ 时，在 0—0.08 短时间内收敛于 0。仿真结果表明，当企业减排成本较低、政府对减排企业规制成本较高时，企业收敛于选择碳减排，政府收敛于选择不进行碳规制；随着初始意愿的增加，企业收敛于选择不进行碳减排的时间在延长，政府收敛于进行碳减排规制的时间在缩短。

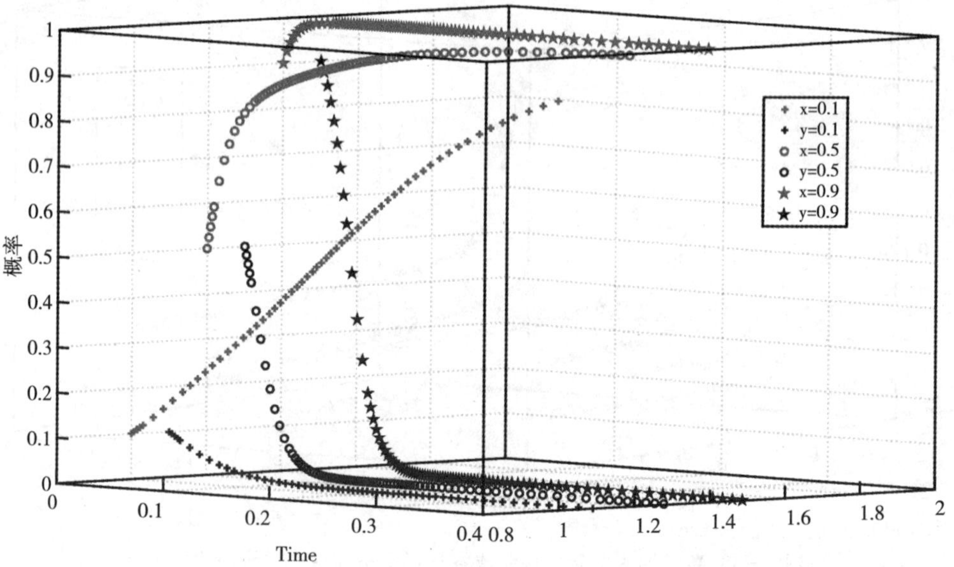

图 6-4 低减排成本与高规制成本情形下两方博弈系统演化路径

假设企业减排成本较低，政府对减排企业补贴较高时，设定 $C_1^F=50$，$S=50$，$C_1^G=55$，$F=40$，$Q_0=25$，$Q_1=24$，$Q_2=26$，碳交易三方演化路径如图 6-5 所示。

企业 1、企业 2 选择碳减排初始意愿分别记为 $x=0.3$、$y=0.5$，政府选择对减排进行规制初始意愿 $z=0.3$，x 在 0—0.08 时间内收敛于 1，y 在 0—0.07 时间内收敛于 1，在 0—0.04 时间内 z 趋向于 1，0.04 之后逐渐收敛于 0。随着三方初始意愿的不断提高，x 意愿提升至 0.5，y 意愿提升至 0.7，z 意愿提升至 0.7 时，x 在 0—0.04 时间内收敛于 1，y 在更短的 0—0.03 时间内收敛于 1，z 呈现出抛物线形状，z 在 0—0.01 时间内趋向于 1，在 0.01 时间后缓慢趋向于 0，受初始意愿影响，z 由收敛于 1 转为收敛于 0 的拐点时间逐步缩短，企业 1、企业 2 与政府最终达到(减排，减排，不规制)的博弈均衡。仿真结果表明，企业减排成本低于企业不减排成本与企业减排增加的收益之和，且政府对减排企业补贴高于政府碳交易收益与政府对企业是否减排没有规制损失的成本之和时，企业 1 与企业 2 收敛于选择碳减排，企业的积极行动也影响了政府，起初政府选择对碳减排进行规制并持续一段时间，但受到政府对减排企业高补贴限制，政府慢慢收敛于选择对企业不进行规制。

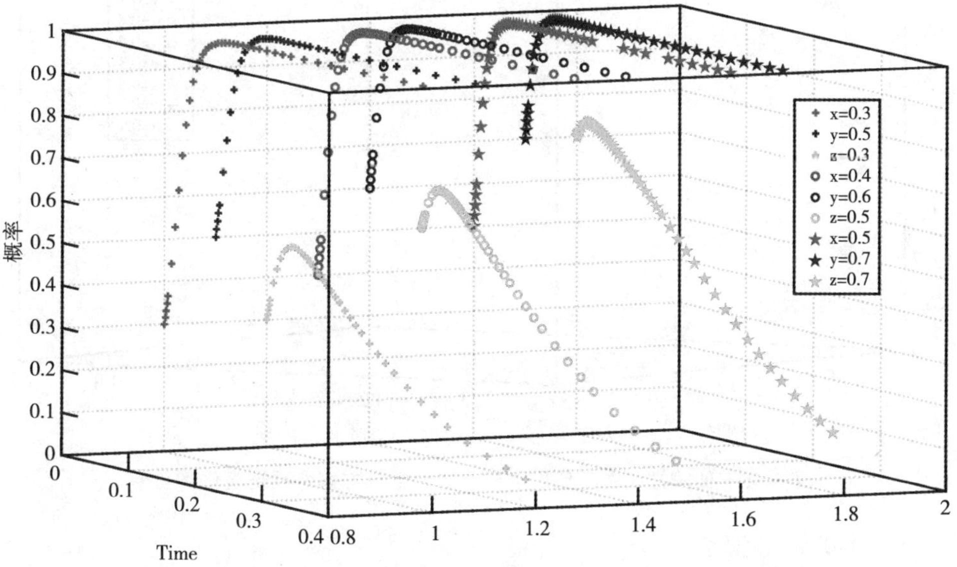

图 6-5　低减排成本与高政府补贴情形下三方博弈系统演化路径

假设企业减排成本较低、政府对企业规制成本较低时，设定 $C_1^F=60$，$C_1^G=45$，$S=30$，$F=40$，$Q_0=25$，$Q_1=24$，$Q_2=26$，碳交易三方演化路径如图 6-6 所示。假定企业 1 选择碳减排初始意愿 $x=0.4$，企业 2 选择碳减排初始意愿 $y=0.5$，政府选择规制初始意愿为 $z=0.7$ 时，x 在 0—0.08 时间内收敛于 1，y 在 0—0.07 时间内收敛于 1，z 在 0—0.25 时间内 z 收敛于 1。随着企业 2、政府初始意愿的不断提高，企业 2 初始意愿提升为 $y=0.6$，政府初始意愿提升为 $z=0.8$ 时，x、y、z 三方收敛于 1 的速度都在加快。伴随着企业 2、政府初始意愿进一步提高，企业 2 初始意愿提升为 $y=0.7$，政府初始意愿提升为 $z=0.9$ 时，x 在 0—0.06 时间内收敛于 1，y 在 0—0.04 时间内收敛于 1，z 在 0—0.15 时间内收敛于 1，x、y、z 收敛于 1 的速度进一步加快。仿真结果表明，企业实施减排付出的成本低于部分企业减排时收益与企业不减排(购买碳指标)付出的成本之和，且政府对企业是否减排没有实施规制损失的成本高于政府对减排企业的补贴时，企业 1、企业 2 与政府最终均收敛于 1，即企业选择进行碳减排，政府选择对企业进行规制；同时随着初始意愿的提高，企业选择碳减排与政府选择进行规制的意愿逐渐强烈；然而企业受利益驱动影响，选择进行碳减排的收敛速度要快于政府。

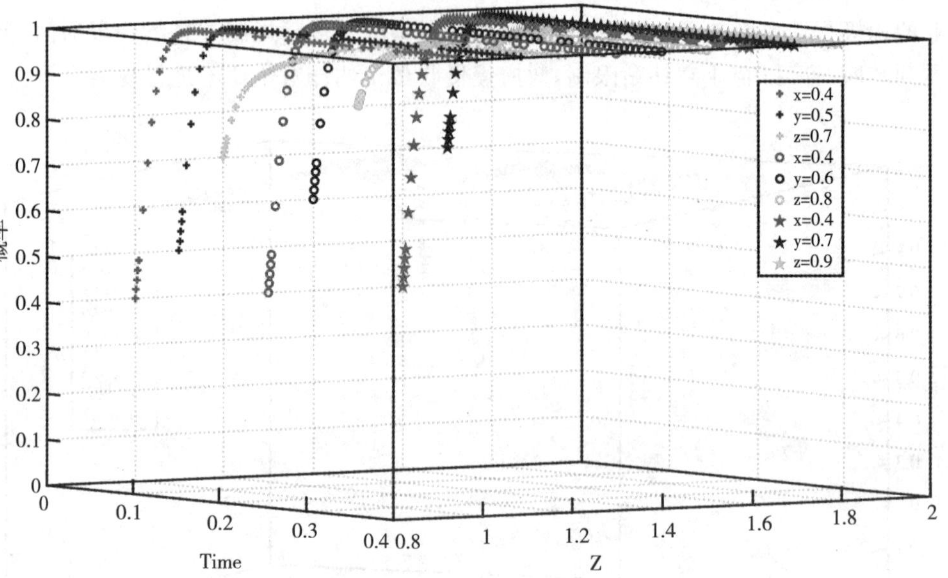

图 6-6　低减排成本与低规制成本情形下三方博弈系统演化路径

(三)高免费配额

在高免费配额、低碳减排量限制下，设定 $Q_0=70$，$Q_1=15$，$Q_2=75$，$C_1^F=60$，$C_1^G=55$，$F=40$。如图 6-7 所示，企业选择碳减排的初始意愿为 $x=0.1$，政府选择对企业减排进行规制的初始意愿为 $y=0.1$，x 在 0—0.05 时间内收敛于 1，y 在 0—0.3 时间内收敛于 1。当企业选择碳减排的初始意愿提高时，$x=0.5$，x 在 0—0.007 时间内收敛于 1；当政府选择碳规制的初始意愿提高时，$y=0.5$，y 在 0—0.02 时间内收敛于 1。随着初始意愿的进一步提高，$x=0.9$ 时，x 在 0—0.003 短时间内收敛于 1；$y=0.9$ 时，y 在 0—0.01 时间内收敛于 1。仿真结果表明，政府对企业的免费碳配额较高、企业积极减排时碳减排量较低时，企业收敛于选择碳减排,政府收敛于选择对企业进行规制;随着初始意愿的提升,企业选择碳减排的收敛速度缩短,政府选择碳减排规制收敛速度也在缩短。

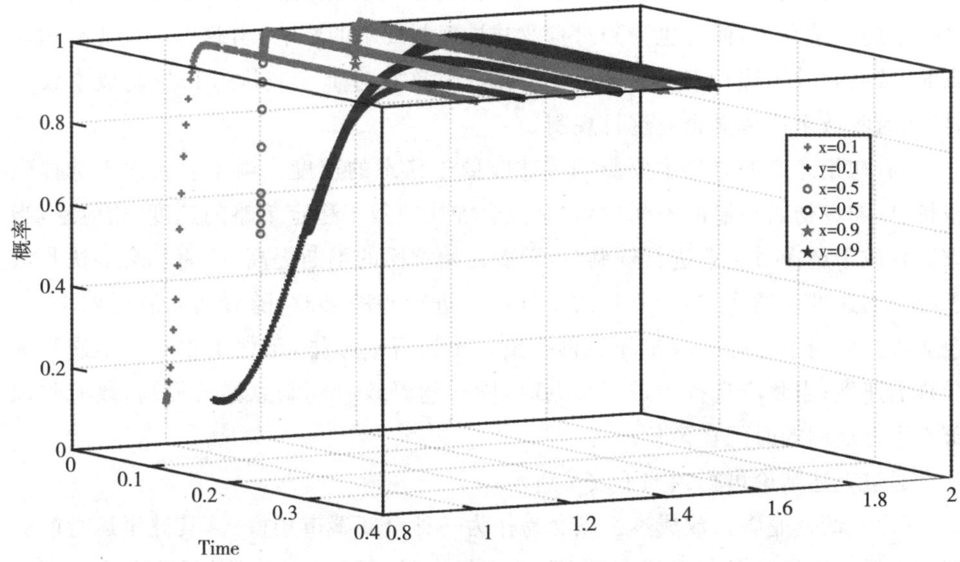

图 6-7　高免费配额与低碳减排量情形下两方博弈系统演化路径

第五节　生态资本优化高质量发展仿真结论

本节将碳交易纳入生态资本推动长三角高质量一体化发展的分析框架中,对企业—政府、企业—企业—政府博弈模型中不同成本、不同碳配额的企业与政府行为进行情景模拟仿真,直观分析不同强度的企业与政府行为的碳交易稳定运行路径与系统演化轨迹,为企业碳交易的环境政策选择提供可行建议。研究发现:

(1)两方演化博弈模型中,碳交易行为受到企业与政府的共同作用。企业行为与其成本收益息息相关,当企业减排成本较高时,企业收敛于选择不进行碳减排;当企业减排成本较低时,企业收敛于选择进行碳减排。政府行为也受到对企业减排进行规制成本的制约,当政府规制成本较高时,政府收敛于选择对企业不进行规制。政府对企业免费碳配额较高且企业积极减排,碳排放量较低时,企业进行碳交易利润较大,政府从碳交易中获得收益也较高,因此,企业收敛于选择碳减排,政府收敛于选择对减排企业进行规制。

(2)三方演化博弈模型中,两方企业与政府收敛于博弈均衡状态最终取决于自身成本收益，碳交易行为依然受到双方企业与政府的共同作用。企业行为与其成本收益息息相关，当两企业减排成本较高时，两企业均收敛于选择不进行碳减排；当两企业减排成本较低时，企业均收敛于选择进行碳减排。政府行为不仅与对减排企业的补贴有关，而且也受到对企业减排规制成本的影响，当政府对企业补贴较高时，政府收敛于选择对企业不进行规制；当政府对企业减排进行规制成本较低时，政府收敛于选择对企业进行规制。

(3)初始意愿的差异主要影响主体收敛于稳态的速度。当企业收敛于选择碳减排时，随着初始意愿的不断提高，企业会加快收敛于稳定策略的速度；相应地，当政府收敛于选择对企业进行规制时，随着初始意愿的不断提高，政府也会加快收敛于稳态的速度。然而，当企业收敛于选择不进行碳减排时，随着初始意愿的增加，企业最初倾向于选择碳减排随后再收敛于不进行碳减排，延缓了收敛于不进行碳减排的速度；当政府选择不进行规制时，同样随着政府规制意愿的提高，政府收敛于不进行规制的时间在延长。

通过上述结论可得到如下政策启示：

(1)降低企业碳排放成本。碳交易作为一种全新碳市场模式，其健康运行能够带动市场主体积极参与碳交易，提升碳市场交易活跃度，实现碳配额定价的合理性，发挥碳价对减排策略的引导机制，倒逼企业增加研发支出，开发减排技术，降低碳减排成本，促使企业积极进行碳减排，形成碳交易市场的良性互动。

(2)提升企业碳减排活力。现阶段纳入全国碳市场的行业结构较为单一，以发电行业为主，未来将引入更多高耗能行业入驻，市场交易主体能够丰富化，增强碳市场流动性，重塑碳交易的供给与需求关系，提升碳市场交易量。同时，目前碳配额分配方式多以免费分配为主，后期考虑引入有偿分配机制，优化碳配额分配的合理性，提升企业碳减排主动性。

本节旨在基于演化博弈理论为碳中和目标下企业碳交易行为提供理论分析框架，然而受现实数据限制，参数设定仅仅结合演化博弈模型的理论分析与现实经验，以便在不同情形下对碳交易演化轨迹进行仿真模拟。

“双碳”目标的实现是一场影响深远的经济社会全面改革，需要各部门协同参与，精心谋划、精准施策、精细落实。“双碳”目标对长三角区域协同能力提出挑战的同时，也为推动长三角一体化，解决区域性、流域性生态环境问题提供了重大契机。从长期来看，长三角地区进入高质量发展新阶段亟须培育新的增长动力，“双碳”目标非但不会对经济发展产生负面影响，反而将重塑行业结构、拉动新型投资、创造就业机会，为最终实现长三角地区经济社会的系统性变革提供重大机遇。

第七章　长三角城市群竞争力评价分析

第一节　研究对象与指标体系构建

选取上海、南京、无锡、常州、苏州、南通、盐城、扬州、镇江、泰州、杭州、宁波、嘉兴、湖州、绍兴、金华、舟山、台州、合肥、芜湖、马鞍山、铜陵、安庆、滁州、池州、宣城等 26 市为主要研究对象，分别从 2016 年与 2020 年两个时间点入手分析城市竞争力变化状况。

长三角城市群竞争力由经济增长、公共预算、社会效益与生活质量四方面构成，地区生产总值、人均地区生产总值、地区生产总值增速、第一产业、第二产业、第三产业六个指标测度经济增长，一般公共预算收入与一般公共预算支出两个指标测度公共预算，固定资产投资与社会消费品零售总额两个指标测度社会效益，城镇居民人均可支配收入、农村居民人均可支配收入与市区居民消费价格指数三个指标测度生活质量，具体见表 7 - 1。

表 7 - 1　长三角城市群经济发展能力评价体系

目标层	业务层	指标层
长三角城市群经济发展能力	经济增长(F_1)	地区生产总值(F_{11})
		人均地区生产总值(F_{12})
		地区生产总值增速(F_{13})
		第一产业(F_{14})
		第二产业(F_{15})
		第三产业(F_{16})
	公共预算(F_2)	一般公共预算收入(F_{21})
		一般公共预算支出(F_{22})
	社会效益(F_3)	固定资产投资(F_{31})
		社会消费品零售总额(F_{32})
	生活质量(F_4)	城镇居民人均可支配收入(F_{41})
		农村居民人均可支配收入(F_{42})
		市区居民消费价格指数(F_{43})

第二节　长三角城市群竞争力实证分析

基于构建的长三角城市群经济发展能力评价体系，搜集长三角 26 市 2016 年与 2020 年地区生产总值等指标数据，研究长三角城市群竞争力变化态势。

(一)2016 年长三角城市群发展状况

首先对搜集到的长三角城市群 26 个城市的 13 个指标从极小值、极大值、均值、标准差进行描述性分析，具体见表 7－2。

表 7－2　2016 年长三角城市群发展数据描述性统计量

	极小值	极大值	均值	标准差
地区生产总值(亿元)	544.74	25123.45	5212.80	5294.39
人均地区生产总值(元)	29840.00	149307.00	84601.85	31770.45
地区生产总值增速(%)	5.40	10.50	8.37	1.38
第一产业(亿元)	47.24	516.50	189.75	100.58
第二产业(亿元)	251.33	7991.00	2324.23	1933.12
第三产业(亿元)	222.84	17022.63	2698.57	3452.21
一般公共预算收入(亿元)	95.80	5519.50	664.64	1057.12
一般公共预算支出(亿元)	110.82	6191.56	758.03	1166.64
固定资产投资(亿元)	600.54	6352.70	3070.94	1763.43
社会消费品零售总额(亿元)	197.98	10131.50	2025.64	2123.36
城镇居民人均可支配收入(元)	23966.00	50390.21	38338.74	8516.09
农村居民人均可支配收入(元)	9985.00	264.00	19152.15	5460.48
市区居民消费价格指数	100.70	102.40	101.47	0.38

借助主成分分析对长三角城市群进行实证研究，首先根据相关系数矩阵分析 13 个变量之间的相关关系，计算结果见表 7－3。

表 7-3 2016 年长三角城市群发展数据相关系数矩阵

	地区生产总值	人均地区生产总值	地区生产总值增速	第一产业	第二产业	第三产业	一般公共预算收入	一般公共预算支出	固定资产投资	社会消费品零售总额	城镇居民人均可支配收入	农村居民人均可支配收入	市区居民消费价格指数
地区生产总值	1.000	0.573	−0.340	0.142	0.967	0.988	0.938	0.920	0.837	0.982	0.601	0.466	0.711
人均地区生产总值	0.573	1.000	−0.120	0.017	0.667	0.510	0.352	0.312	0.677	0.550	0.779	0.671	0.437
地区生产总值增速	−0.340	−0.120	1.000	0.162	−0.362	−0.318	−0.290	−0.282	−0.091	−0.306	−0.428	−0.387	0.068
第一产业	0.142	0.017	0.162	1.000	0.215	0.064	−0.004	0.014	0.415	0.143	−0.012	0.045	0.295
第二产业	0.967	0.667	−0.362	0.215	1.000	0.916	0.829	0.801	0.906	0.923	0.648	0.528	0.686
第三产业	0.988	0.510	−0.318	0.064	0.916	1.000	0.975	0.961	0.763	0.985	0.561	0.419	0.696
一般公共预算收入	0.938	0.352	−0.290	−0.004	0.829	0.975	1.000	0.996	0.646	0.938	0.436	0.308	0.654
一般公共预算支出	0.920	0.312	−0.282	0.014	0.801	0.961	0.996	1.000	0.610	0.923	0.416	0.298	0.640
固定资产投资	0.837	0.677	−0.091	0.415	0.906	0.763	0.646	0.610	1.000	0.814	0.547	0.448	0.711
社会消费品零售总额	0.982	0.550	−0.306	0.143	0.923	0.985	0.938	0.923	0.814	1.000	0.618	0.469	0.698
城镇居民人均可支配收入	0.601	0.779	−0.428	−0.012	0.648	0.561	0.436	0.416	0.547	0.618	1.000	0.936	0.193
农村居民人均可支配收入	0.466	0.671	−0.387	0.045	0.528	0.419	0.308	0.298	0.448	0.469	0.936	1.000	0.075
市区居民消费价格指数	0.711	0.437	0.068	0.295	0.686	0.696	0.654	0.640	0.711	0.698	0.193	0.075	1.000

由表可知，长三角城市群竞争力的原始数据相关系数较高，说明这些变量之间相关性较强，需要用主成分分析进行降维处理。对2016年长三角城市群衡量指标提取公因子方差，结果见表7-4。提取的公因子方差数值较大，均高于0.5，说明提取的公因子能够代表原始数据信息。

表7-4 2016年长三角城市群发展数据公因子方差

	初始	提取
地区生产总值	1.000	0.993
人均地区生产总值	1.000	0.775
地区生产总值增速	1.000	0.578
第一产业	1.000	0.620
第二产业	1.000	0.945
第三产业	1.000	0.991
一般公共预算收入	1.000	0.974
一般公共预算支出	1.000	0.954
固定资产投资	1.000	0.906
社会消费品零售总额	1.000	0.974
城镇居民人均可支配收入	1.000	0.956
农村居民人均可支配收入	1.000	0.894
市区居民消费价格指数	1.000	0.786

表7-5为2016年长三角城市群竞争力解释的总方差，第一成分的初始特征值为8.0274，第二、三成分的初始特征值分别为1.904、1.417，从第四成分开始初始特征值小于1。因此，选择三个公共因子能够完成87.284%的累计贡献率，同时可以解释87%的总方差。

表7-5 2016年长三角城市群竞争力解释的总方差

成分	初始特征值			提取平方和载入		
	合计	方差百分比	累计百分比	合计	方差百分比	累计百分比
1	8.027	61.742	61.742	8.027	61.742	61.742
2	1.904	14.645	76.388	1.904	14.645	76.388
3	1.417	10.897	87.284	1.417	10.897	87.284
4	0.811	6.240	93.524			

（续表）

成分	初始特征值			提取平方和载入		
	合计	方差百分比	累计百分比	合计	方差百分比	累计百分比
5	0.430	3.311	96.835			
6	0.218	1.676	98.512			
7	0.102	0.788	99.300			
8	0.053	0.411	99.710			
9	0.023	0.178	99.889			
10	0.011	0.084	99.973			
11	0.003	0.022	99.995			
12	0.001	0.005	100.000			
13	2.737E−5	0.000	100.000			

第一主成分、第二主成分、第三主成分与原始变量之间的关系见表 7－6。

表 7－6　2016 年长三角城市群发展数据成分矩阵

	成分		
	1	2	3
地区生产总值	0.987	0.112	−0.085
人均地区生产总值	0.669	−0.427	0.382
地区生产总值增速	−0.343	0.461	0.498
第一产业	0.156	0.310	0.707
第二产业	0.970	0.012	0.066
第三产业	0.966	0.154	−0.187
一般公共预算收入	0.896	0.254	−0.326
一般公共预算支出	0.876	0.269	−0.338
固定资产投资	0.860	0.107	0.393
社会消费品零售总额	0.976	0.114	−0.088
城镇居民人均可支配收入	0.702	−0.669	0.121
农村居民人均可支配收入	0.577	−0.727	0.180
市区居民消费价格指数	0.708	0.489	0.215

提取方法：主成分分析法，表中已提取 3 个成分。

利用第一、二、三主成分与成分矩阵可得到26城市因子得分及综合得分，具体见表7-7。

表7-7 2016年长三角城市因子得分及综合得分

城市	F_1	F_2	F_3	综合得分
上海	93.49	534.07	−76.96	127.55
南京	37.49	147.36	9.23	45.73
无锡	26.7	131.51	23.4	38.29
常州	5.89	3.88	15.07	5.85
苏州	72.17	343.67	19.44	97.01
南通	33.46	64.04	9.86	31.11
盐城	37.69	−5.57	−3.15	22.11
扬州	−9.16	−23.04	7.57	−8.20
镇江	−9.69	−61.31	9.07	−13.97
泰州	−14.96	−39.04	7.55	−14.13
杭州	49.48	153.14	10.26	54.10
宁波	48.17	125.79	24.29	50.81
嘉兴	−0.64	−59.77	14.55	−7.56
湖州	−24.47	−119.88	7.78	−31.82
绍兴	12.58	−25.83	18.47	6.00
金华	−14.14	−72.6	0.72	−19.28
舟山	−27.13	−163.63	20.75	−38.45
台州	4.65	−71.14	−7.68	−8.38
合肥	0.49	71.07	5.06	11.26
芜湖	−46.35	−76.07	−6.61	−40.48
马鞍山	−51.05	−132.31	−5.36	−51.48
铜陵	−64.24	−153.18	−7.98	−62.97
安庆	−28.83	−126.22	−27.88	−39.32
滁州	−28.11	−129.73	−28.3	−39.44
池州	−61.06	−169.39	−24.07	−65.13
宣城	−42.44	−145.81	−15.09	−49.20

对长三角 26 市经济发展综合得分进行排序如图 7－1 所示。

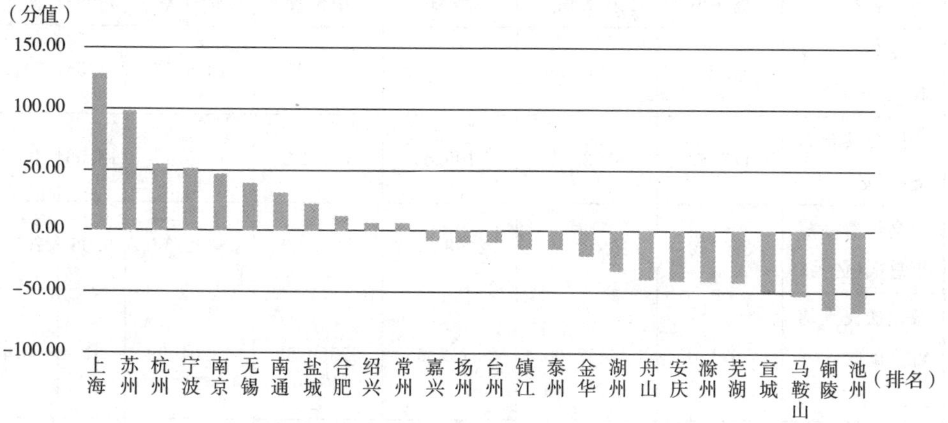

图 7－1　2016 年长三角 26 市发展能力综合排名

由图 7－1 可知，上海发展能力综合排名第一，上海的地区生产总值、第二产业、第三产业、一般公共预算收入、一般公共预算支出、固定资产、社会消费品零售总额等指标都位列榜首，优势非常明显，这决定了最终的排名。

(二) 2020 年长三角城市群发展状况

对比 2016 年长三角城市群发展状况，搜集 2020 年长三角 26 核心城市 12 个指标数据，从极小值、极大值、均值、中位数、标准差、峰度、偏度等视角进行描述性统计，见表 7－8。

表 7－8　2020 年长三角城市群指标的描述性统计

指标	极小值	极大值	均值	中位数	标准差	峰度	偏度
地区生产总值(亿元)	868.90	38700.58	7887.55	5411.15	8050.14	8.03	2.51
人均地区生产总值(元)	58684.00	206899.00	124734.68	129219.50	43228.12	−0.68	0.27
地区生产总值增速(%)	1.70	12.00	4.00	3.65	1.75	19.13	4.03
第一产业(亿元)	56.50	661.20	228.36	180.35	132.29	3.35	1.52
第二产业(亿元)	382.80	10289.47	3139.21	2460.24	2539.97	2.10	1.47
第三产业(亿元)	397.80	28307.54	4520.00	2701.26	5719.14	12.08	3.15

（续表）

指标	极小值	极大值	均值	中位数	标准差	峰度	偏度
一般公共预算收入(亿元)	66.90	7046.30	901.45	412.24	1386.42	16.35	3.79
一般公共预算支出(亿元)	177.80	8102.11	1109.51	684.24	1535.13	18.56	4.07
社会消费品零售总额(亿元)	350.30	15932.50	2998.14	2154.23	3302.52	9.06	2.72
城镇居民人均可支配收入(元)	35671.00	76437.00	55257.65	57550.50	12204.99	−1.22	−0.19
农村居民人均可支配收入(元)	15567.00	39801.00	28903.08	29011.50	8037.27	−1.21	−0.19
市区居民消费价格指数(以上年价格为100)	101.70	104.00	102.44	102.40	0.44	5.88	1.73

由26城市数据指标的描述性统计可知，相比标准正态分布，地区生产总值、地区生产总值增速、第一产业、第二产业、第三产业、一般公共预算收入、一般公共预算支出、社会消费品零售总额、市区居民消费价格指数等9个指标数据呈现尖峰分布，数据分布的峰值比标准正态分布高，数据相对集中；数据分布是非对称的，呈现严重的右偏分布。人均地区生产总值极小值为58684.00元，极大值为206899.00元，相比标准正态分布，数据呈现轻微的扁平分布，数据分布的峰值比标准正态分布要低一些，数据略微分散；数据分布接近于正态分布，呈现轻微的右偏分布。

城镇居民人均可支配收入极小值为35671.00元，极大值为76437.00元；农村居民人均可支配收入极小值为15567.00元，极大值为39801.00元。相比标准正态分布，城镇居民人均可支配收入与农村居民人均可支配收入数据分布的峰值比标准正态分布低，数据相对分散；数据分布接近于正态分布，呈现轻微的左偏分布。

借助主成分分析对2020年长三角城市群竞争力进行实证研究，首先需要了解城市指标变量间的相关关系，具体可由相关系数矩阵反映，见表7-9。由表可知，多数变量相关系数大于0.3，意味着长三角城市群存在较强的相关关系，需要对其进行降维处理。

表 7-9　2020 年长三角城市群指标相关系数矩阵

	地区生产总值	人均地区生产总值	地区生产总值增速	第一产业	第二产业	第三产业	一般公共预算收入	一般公共预算支出	社会消费品零售总额	城镇居民人均可支配收入	农村居民人均可支配收入	市区居民消费价格指数
地区生产总值	1.000	0.584	-0.310	0.055	0.942	0.988	0.962	0.951	0.982	0.649	0.428	-0.457
人均地区生产总值	0.584	1.000	0.128	0.096	0.660	0.527	0.448	0.408	0.533	0.789	0.761	-0.262
地区生产总值增速	-0.310	0.128	1.000	-0.016	-0.309	-0.299	-0.304	-0.308	-0.298	-0.014	0.117	-0.160
第一产业	0.055	0.096	-0.016	1.000	0.117	0.002	-0.061	-0.030	0.040	-0.144	-0.077	-0.221
第二产业	0.942	0.660	-0.309	0.117	1.000	0.879	0.834	0.812	0.894	0.686	0.507	-0.400
第三产业	0.988	0.527	-0.299	0.002	0.879	1.000	0.985	0.979	0.984	0.612	0.380	-0.460
一般公共预算收入	0.962	0.448	-0.304	-0.061	0.834	0.985	1.000	0.995	0.964	0.574	0.349	-0.439
一般公共预算支出	0.951	0.408	-0.308	-0.030	0.812	0.979	0.995	1.000	0.955	0.541	0.317	-0.447
社会消费品零售总额	0.982	0.533	-0.298	0.040	0.894	0.984	0.964	0.955	1.000	0.632	0.388	-0.452
城镇居民人均可支配收入	0.649	0.789	-0.014	-0.144	0.686	0.612	0.574	0.541	0.632	1.000	0.922	-0.332
农村居民人均可支配收入	0.428	0.761	0.117	-0.077	0.507	0.380	0.349	0.317	0.388	0.922	1.000	-0.229
市区居民消费价格指数	-0.457	-0.262	-0.160	-0.221	-0.400	-0.460	-0.439	-0.447	-0.452	-0.332	-0.229	1.000

运用SPSS软件对2020年长三角城市群发展进行主成分分析时，对26个城市12个指标进行公因子方差分析，如表7-10所示。长三角城市群提取的公因子方差均高于0.5，最高的达0.989，说明如果提取公因子的话能够很好地解释原始变量的信息。

表7-10 2020年长三角城市群发展公因子方差

	初始	提取
地区生产总值	1.000	0.989
人均地区生产总值	1.000	0.805
地区生产总值增速	1.000	0.572
第一产业	1.000	0.669
第二产业	1.000	0.871
第三产业	1.000	0.978
一般公共预算收入	1.000	0.953
一般公共预算支出	1.000	0.941
社会消费品零售总额	1.000	0.968
城镇居民人均可支配收入	1.000	0.933
农村居民人均可支配收入	1.000	0.891
市区居民消费价格指数	1.000	0.622

表7-11为2020年长三角城市群发展指标解释的总方差，第一成分、第二成分、第三成分分别为7.135、1.836、1.222，从第四成分开始数值低于1。因此，选择三个公共因子能够完成84.948%的累计贡献率，同时可以解释约85%的总方差。

表7-11 2020年长三角城市群发展指标解释的总方差

成分	初始特征值			提取平方和载入		
	合计	方差的 %	累积 %	合计	方差的 %	累积 %
1	7.135	59.459	59.459	7.135	59.459	59.459
2	1.836	15.302	74.760	1.836	15.302	74.760
3	1.222	10.187	84.948	1.222	10.187	84.948
4	0.906	7.553	92.501			
5	0.478	3.980	96.480			

（续表）

成分	初始特征值			提取平方和载入		
	合计	方差的 %	累积 %	合计	方差的 %	累积 %
6	0.224	1.869	98.350			
7	0.120	0.999	99.349			
8	0.052	0.436	99.785			
9	0.015	0.123	99.908			
10	0.008	0.066	99.974			
11	0.003	0.026	100.000			
12	5.403E−11	4.503E−10	100.000			

提取方法：主成分分析。

选取长三角城市群发展主成分也可以借助碎石图，如图 7-2 所示，碎石图中的点 3、点 4 是由陡峭趋向平稳的明显转折点，因此，选择三个公共因子进行主成分分析是合理的。

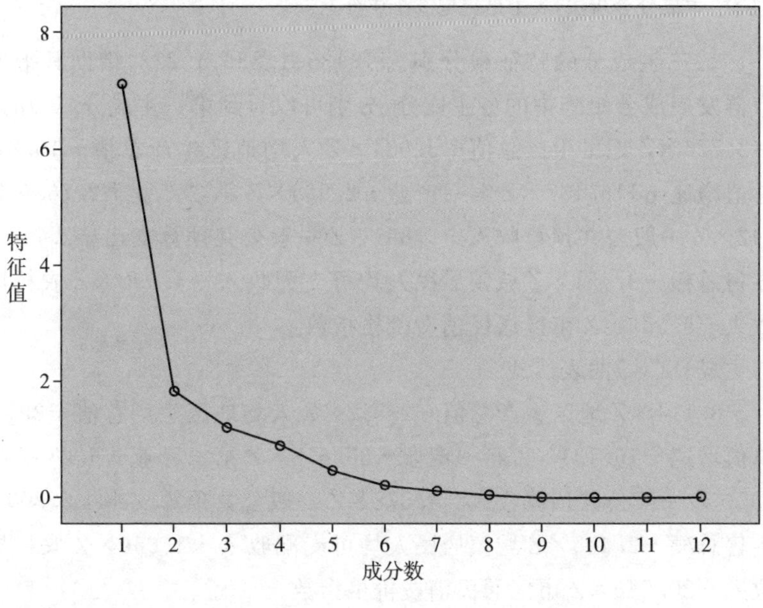

图 7-2　2020 年长三角城市群发展主成分分析碎石图

成分矩阵反映了长三角 26 个核心城市的 12 个指标变量第一、二、三主成分与原始变量之间的关系，计算结果见表 7-12。

表 7-12 长三角城市群发展指标成分矩阵

	成分		
	1	2	3
地区生产总值	0.980	−0.167	0.019
人均地区生产总值	0.679	0.586	0.035
地区生产总值增速	−0.247	0.624	0.349
第一产业	0.023	−0.084	0.813
第二产业	0.932	−0.038	0.026
第三产业	0.965	−0.216	−0.004
一般公共预算收入	0.940	−0.261	−0.052
一般公共预算支出	0.924	−0.296	−0.021
社会消费品零售总额	0.963	−0.199	0.016
城镇居民人均可支配收入	0.774	0.543	−0.196
农村居民人均可支配收入	0.582	0.726	−0.160
市区居民消费价格指数	−0.499	−0.065	−0.608

提取方法:主成分分析法,表中已提取 3 个成分。

第一、二、三主成分的特征根分别为 7.135、1.836、1.222,借助其平方根与长三角城市群发展成分矩阵中的各主成分,分别可以得到第一主成分(y_1)的表达式:

y_1=2.726×Z 地区生产总值+3.934×Z 人均地区生产总值−10.814×Z 地区生产总值增速+116.137×Z 第一产业+2.866×Z 第二产业+2.768×Z 第三产业+2.842×Z 一般公共预算收入+2.891×Z 一般公共预算支出+2.774×Z 社会消费品零售总额+3.451×Z 城镇居民人均可支配收入+4.590×Z 农村居民人均可支配收入−5.353×Z 市区居民消费价格指数

第二主成分(y_2)的表达式:

y_2=−8.114×Z 地区生产总值+2.312×Z 人均地区生产总值+2.171×Z 地区生产总值增速−16.131×Z 第一产业−35.658×Z 第二产业−6.273×Z 第三产业−5.192×Z 一般公共预算收入−4.578×Z 一般公共预算支出−6.809×Z 社会消费品零售总额+2.495×Z 城镇居民人均可支配收入+1.866×Z 农村居民人均可支配收入−20.846×Z 市区居民消费价格指数

第三主成分(y_3)的表达式:

y_3=58.181×Z 地区生产总值+31.584×Z 人均地区生产总值+3.167×Z 地区生产总值增速+1.360×Z 第一产业+42.517×Z 第二产业−276.360×Z 第三产业−21.258×Z 一般公共预算收入−52.640×Z 一般公共预算支出+69.090×

Z社会消费品零售总额－5.640×Z城镇居民人均可支配收入－6.909×Z农村居民人均可支配收入－1.818×Z市区居民消费价格指数

借助于长三角26个核心城市12个指标的第一、二、三主成分，得到各城市发展因子得分表，具体见表7-13。

表7-13 长三角城市群发展因子得分表

城市	F_1	F_2	F_3
上海	－7.52	－172.9	864.73
南京	81.54	－53.22	－36.23
无锡	68.17	－19.5	－7.71
常州	55.96	6.12	－48.29
苏州	14.26	103.35	53.03
南通	19.896	51.15	52.7
盐城	27.062	－35.33	32.75
扬州	62.53	0.14	59.12
镇江	－73.09	41.5	67.4
泰州	25.23	－14.56	29.91
杭州	121.37	－39.02	－169.82
宁波	13.299	28.35	25.31
嘉兴	10.6	24.06	50.95
湖州	－73.37	56.71	69.01
绍兴	12.38	20.94	47.71
金华	－60.44	36.63	23.19
舟山	－109.83	107.31	108.08
台州	21.21	18.19	17.47
合肥	60.02	－20.69	－10.89
芜湖	－75.85	24.22	69.98
马鞍山	－134.78	44.36	68.69
铜陵	－180.89	45.36	64.25
安庆	－21.5	21.77	50.89
滁州	9.82	－27.07	－71.84
池州	－154.37	65.96	66.41
宣城	－84.53	55.85	58.47

根据城市因子得分表计算26个城市的发展能力综合排名,计算结果如图7-3所示。

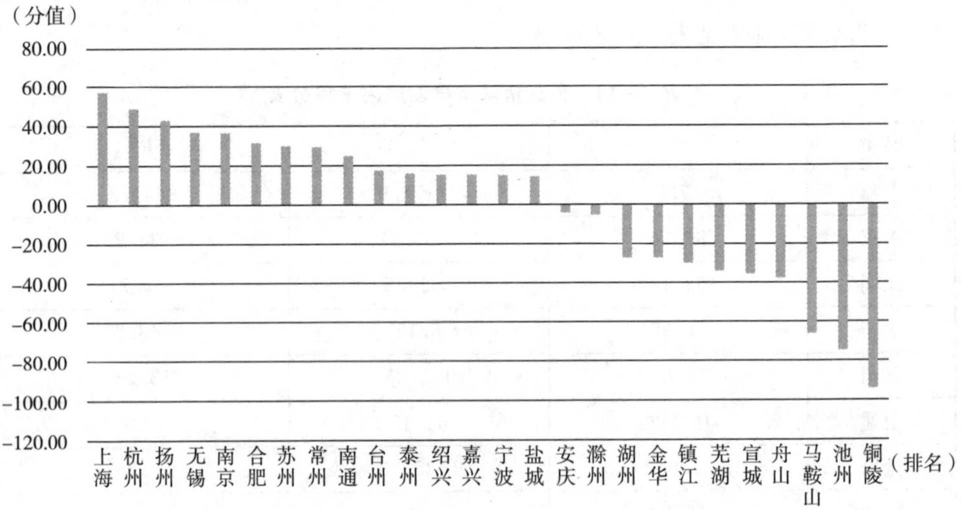

图7-3 2020年长三角26市发展能力排序图

相比2016年,2020年上海、南京、湖州、马鞍山在长三角城市群发展能力排序中没有变化,无锡、常州、扬州、泰州、杭州、台州、合肥、芜湖、安庆、滁州、池州、宣城在长三角城市群发展能力排序有所提升。

第八章　安徽推动 长三角高质量一体化调查研究

安徽推动长三角高质量一体化发展调查分析从四个视角展开，一是长三角高质量认知与期望调查研究，二是安徽科技推动长三角发展调查研究，三是安徽人力推动长三角发展调查研究，四是安徽金融推动长三角发展调查研究。

第一节　长三角高质量认知与期望调查研究

长三角高质量认知与期望调查研究采用网上问卷方式，从参与者概况调查、长三角一体化认知调查、长三角一体化期望调查三方面展开。发放问卷 800 份，回收问卷 756 份，有效问卷 90.87%，问卷形式以单项选择与多项选择为主。

(一)参与者概况调查

从性别来看，男性参与调研的比例达 52.36%，女性比例 47.64%，男性与女性比例适中(图 8－1)。

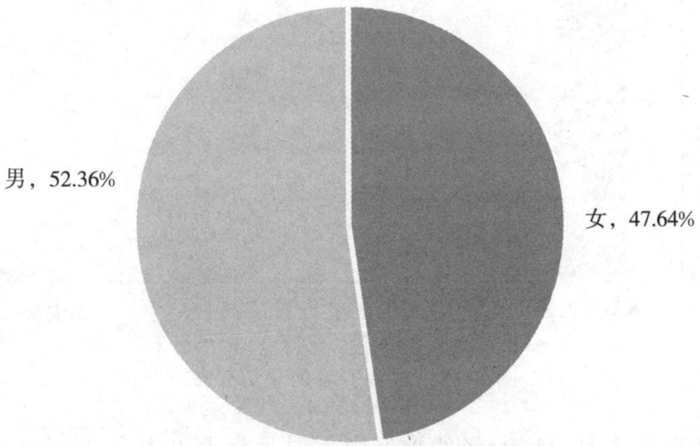

图 8－1　被调查者的性别分布

从年龄视角来看,62.12%参与调研的人群集中在21～45岁;其次是20岁及以下,占比17.32%;46～60岁占比为16.03%,61岁及以上占比最低,为4.48%,由此可看出,21～45岁是本次调研的主体(图8-2)。

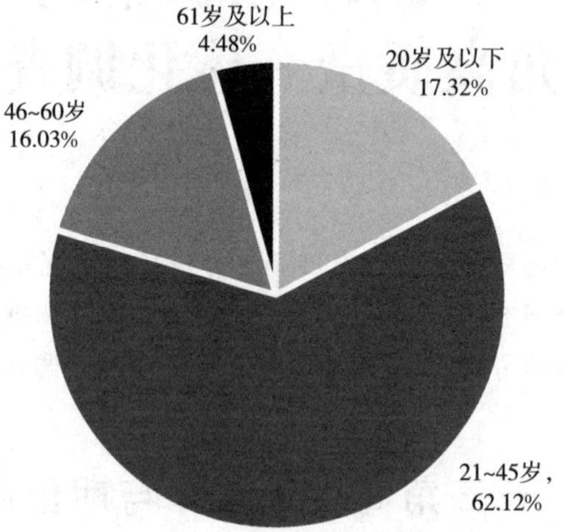

图8-2 被调查者的年龄分布

考虑到学历状况,3.28%参与调研的人群集中在初中及以下,其次是高中与大专,本科及以上学历占比最高,为84.44%(图8-3)。

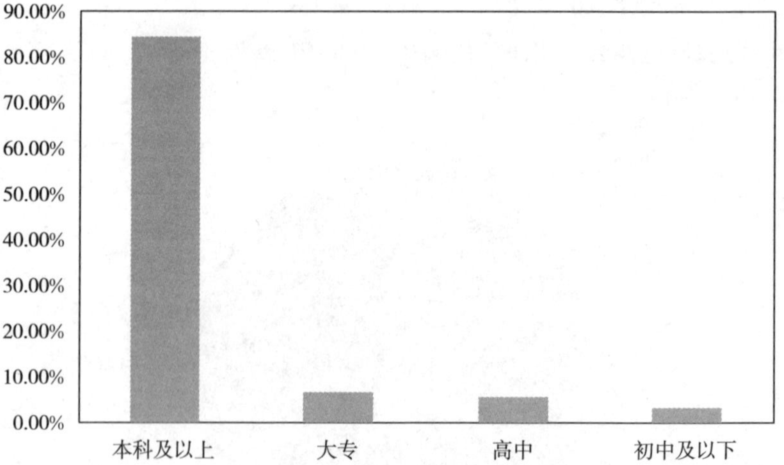

图8-3 被调查者的学历分布

考虑到月收入状况,41.03%的被调研人群月收入集中在3000～8000元;其次是8000～15000元,占比35.87%;高收入群体占比最低,为8.98%(图8-4)。

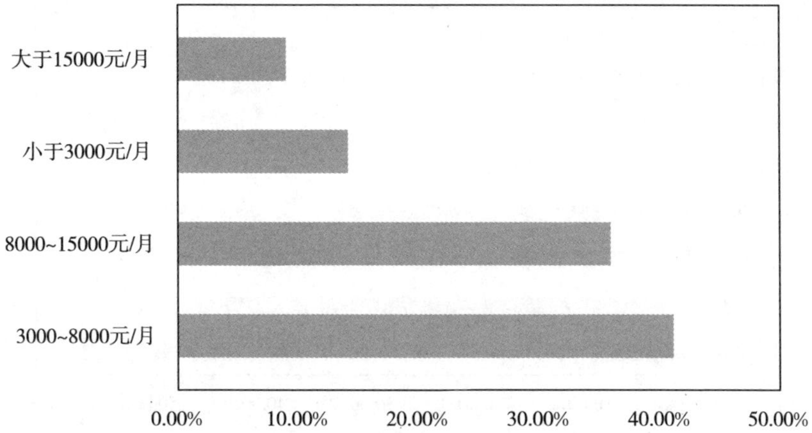

图 8-4　被调查者的月收入情况

整体来看，安徽推动长三角高质量一体化发展调查问卷中，男女性比例相似，年龄集中在中青年，本科以上学历占比较高，受教育程度较高，集中在中产阶级。因此来看，本次问卷样本的选取代表性较强。

（二）长三角一体化认知调查

当调研对“长三角区域一体化”是否了解时，选择比较了解的群体占 56.03%；选择一般了解的群体占 23.14%；选择非常了解的群体占 13.21%；选择不了解的群体只占 7.62%。整体来看，被调研者对长三角一体化了解程度相对较高。

对“长三角一体化建设感受”调研时，发现 55.74%的被调查者选择交通一体化，选择旅游一体化的被调查者占 50.82%，选择信息一体化的被调查者占 39.34%，31.15%的被调查者选择就业一体化，30.12%的被调查者选择环保一体化，19.67%的被调查者选择医保一体化，只有 18.03%的被调查者没有感受到一体化（图 8-5）。

对“长三角区域一体化给城市居民生活带来的作用”调研时，52.23%的被调查者选择日常交通变得更加便利，42.12%的被调查者选择促进城市之间的融合，38.45%的被调查者选择促进商业发展，37.56%的被调查者选择繁荣各地的经济，35.45%的被调查者选择促进各地人员交流。从调研结果来看，长三角一体化给城市居民生活带来了经济、交通、交流等方方面面的便利（图 8-6）。

在对“长三角区域一体化融合整体成效”进行评价时，35.35%的被调查者选择比较有成效，32.12%的被调查者选择一般有成效，18.45%的被调查者选择非常有成效，11.12%的被调查者选择比较没有成效。整体来看，人们对长三角一体化成效是比较满意的。（图 8-7）。

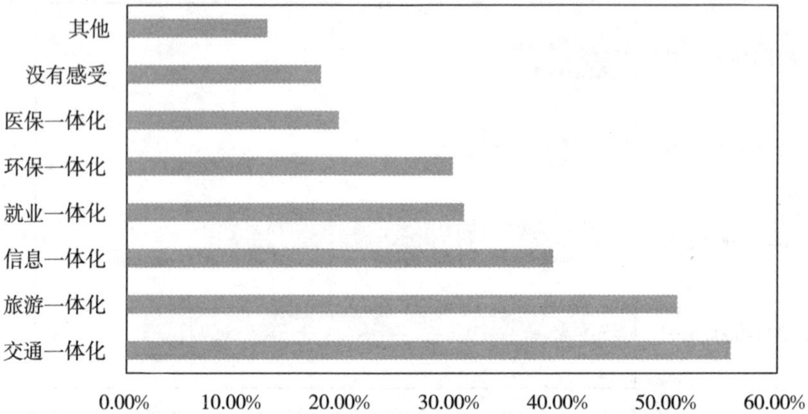

图 8－5 长三角一体化感受调查

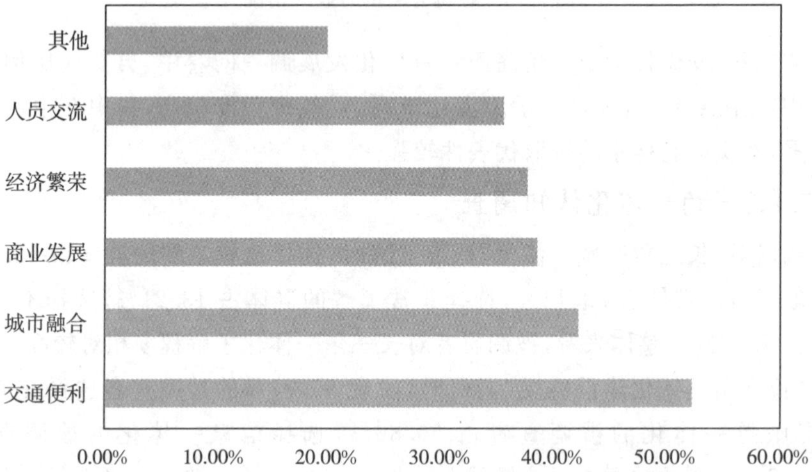

图 8－6 长三角一体化给城市居民生活带来的便利作用

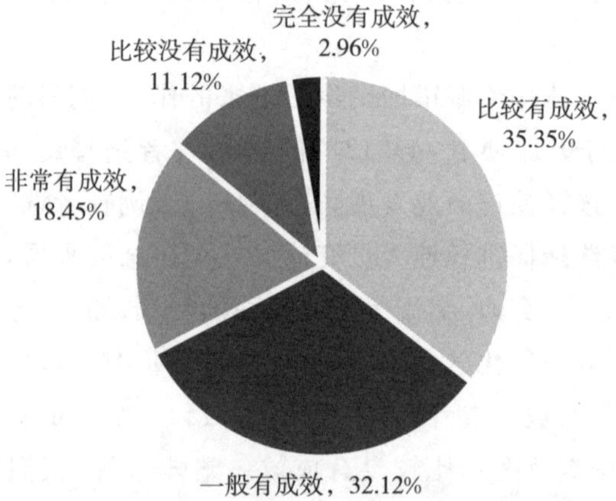

图 8－7 长三角一体化融合的整体成效评价

(三)长三角一体化期望调查

在对“长三角区域一体化发展期望”进行调研时，发现45.34%的被调查者选择公共交通一体化，43.12%的被调查者选择医疗和社会保障一体化，32.11%的被调查者选择科技创新驱动一体化，28.12%的被调查者选择文化教育一体化，12.12%的被调查者选择环保监管一体化(图8-8)。

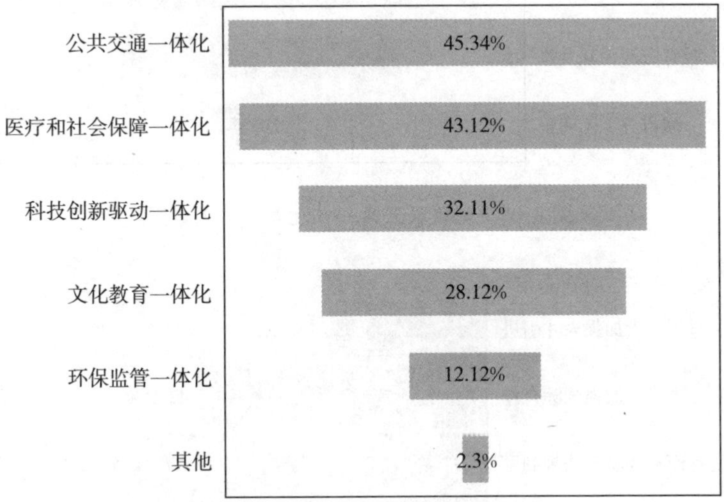

图8-8　长三角一体化发展居民期望图

“未来长三角区域一体化应着重哪方面的建设”调研中，56.78%的被调查者选择了联网基本医疗保险、定点医疗机构的互认，45.34%的被调查者选择了3小时交通圈，这两者占据比例最高。这意味着，社会保障与交通是人们最为关注的热点。

在“阻碍长三角区域一体化发展的主要因素”调研时，发现52.12%的被调查者认为存在区域行政壁垒，认为存在医疗壁垒的被调查者占43.12%，认为存在就业障碍的被调查者占41.12%，32.12%的被调查者认为劳动力不能跨区域自由流动，28.12%的被调查者认为教育资源无法共享，9.02%的被调查者认为城市分工不明确等(图8-9)。

在对“安徽如何推动长三角区域一体化发展”调研分析时，发现62.23%的被调查者认为应该增加长三角区域的信息交流与创新，52.12%的被调查者选择完善长三角区域的商务环境与法规制度，42.21%的被调查者认为强化长三角区域与国际合作，23.02%的被调查者选择加大人才引进力度(见图8-10)。

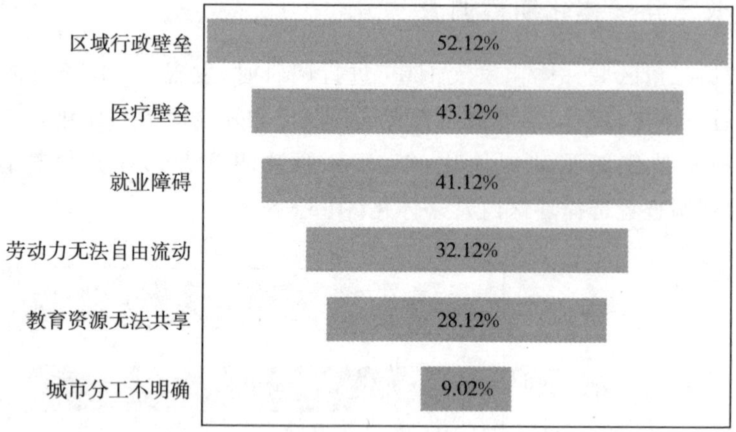

图 8-9　阻碍长三角一体化发展的因素图

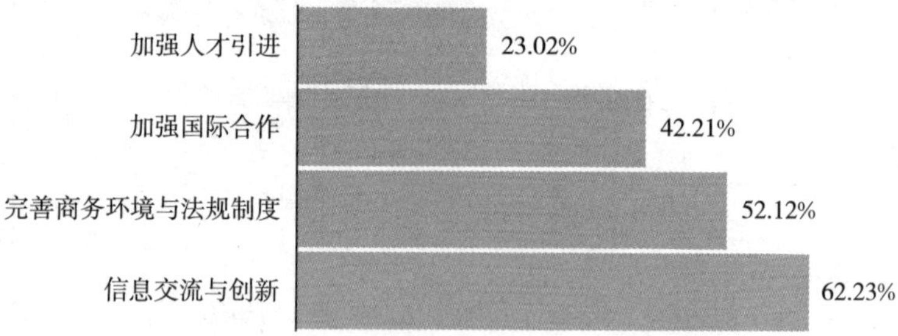

图 8-10　安徽推动长三角一体化发展措施图

第二节　安徽科技推动长三角发展调查研究

安徽科技推动长三角发展调研采用网上问卷方式，发放问卷 750 份，回收问卷 703 份，有效问卷 93.73%，问卷形式以单项选择与多项选择为主。

从调研企业所属行业来讲(单选题)，10%企业所属化工金属行业，8%企业所属食品药品行业，17%企业所属大型装备制造业，19%的企业所属通信电气行业，13%的企业所属日用消费品行业，9%的企业所属新能源技术行业，16%的企业所属高新技术产业，8%的企业所属服务业，如图 8-11 所示。

从企业性质调研来看(单选题)，19%的企业属于国有企业，21%的企业属于股

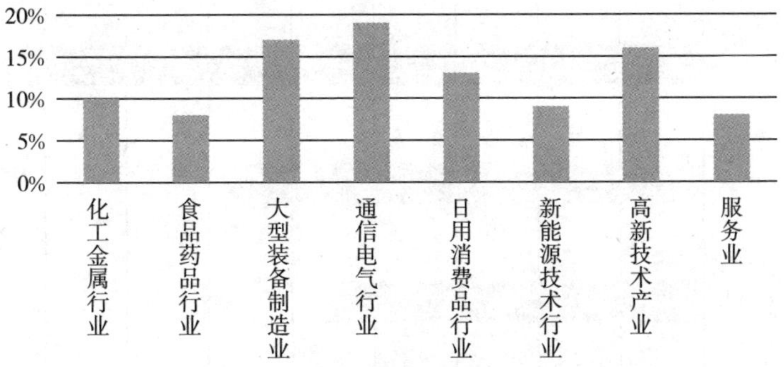

图 8-11 企业所属行业调研分析图

份制企业，11%的企业属于集体企业，29%的企业属于私营企业，10%的企业属于三资企业，8%的企业属于事业单位，如图 8-12 所示。

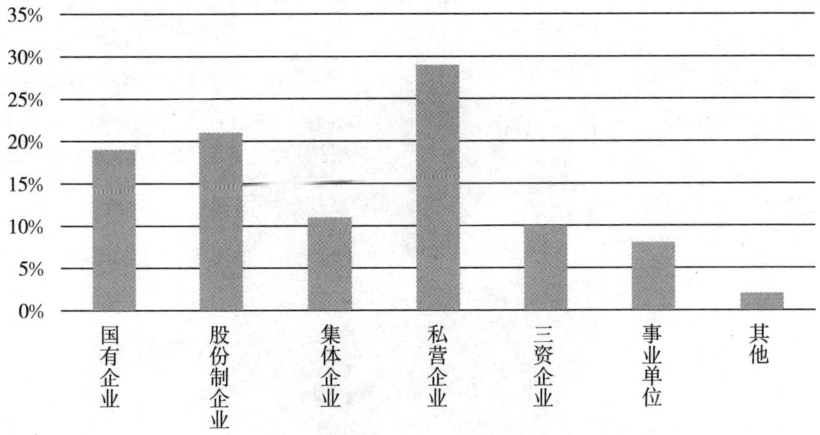

图 8-12 企业性质调研分析图

从企业规模调研来看(单选题)，41%的企业规模在 100 人以下，29%的企业规模在 100～500 人，23%的企业规模在 500～1000 人，7%的企业规模在 1000 人以上，如图 8-13 所示。

从专利管理和转化机构设置调研来看(单选题)，73%的企业设有专利管理和转化机构，27%的企业没有设专利管理和转化机构，如图 8-14 所示。

从科技研发和管理专业人数占职工比例调研来看(单选题)，7%的企业研发管理人员占比在 5%以下，31%的企业研发管理人员占比在 5%～10%，32%的企业研发管理人员占比在 10%～15%，19%的企业研发管理人员占比在 15%～20%，9%的企业研发管理人员占比在 20%～25%，2%的企业研发管理人员占比在 25%

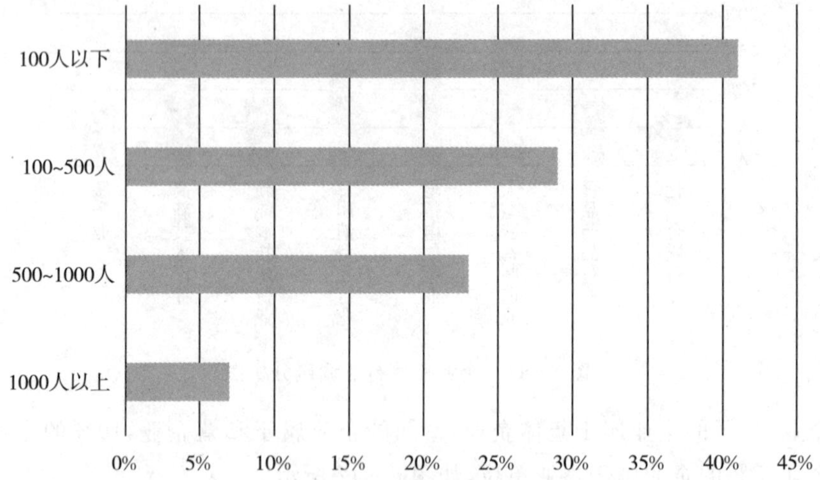

图 8-13 企业规模调研分析图

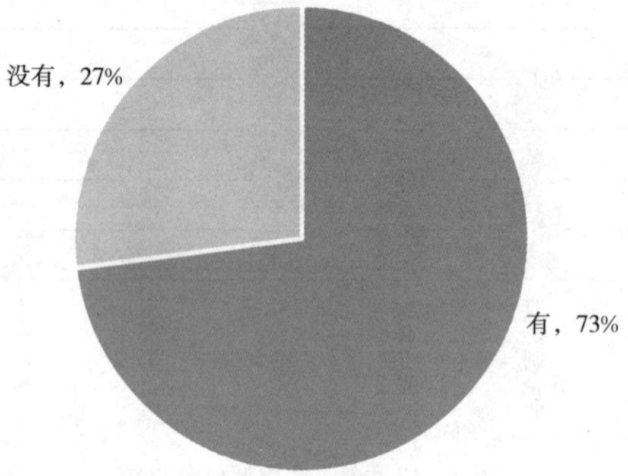

图 8-14 企业专利管理和转化机构调研分析图

以上，如图 8-15 所示。

从企业合作类型调研来看(多选题)，选择与高校合作的企业占 37%，选择与研究机构合作的企业占 45%，选择与政府合作的企业占 32%，选择与服务中介合作的企业占 18%，选择与业内企业合作的企业占 53%，选择与其他机构合作的企业占 14%，如图 8-16 所示。

从企业 R&D 投入占营业收入调研来看(单选题)，37%的企业 R&D 投入占营业收入在 10%以下，26%的企业 R&D 投入占营业收入的 10%～20%，19%的企业 R&D 投入占营业收入的 20%～30%，13%的企业 R&D 投入占营业收入的

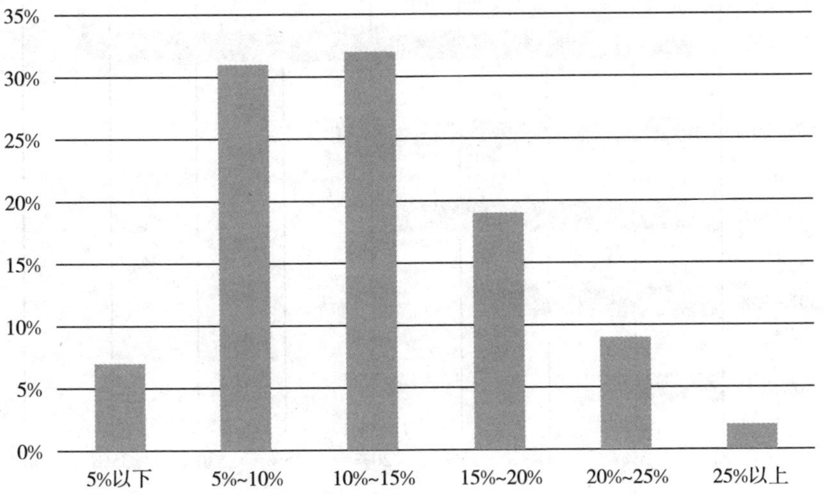

图 8-15 企业研发人员占比调研分析图

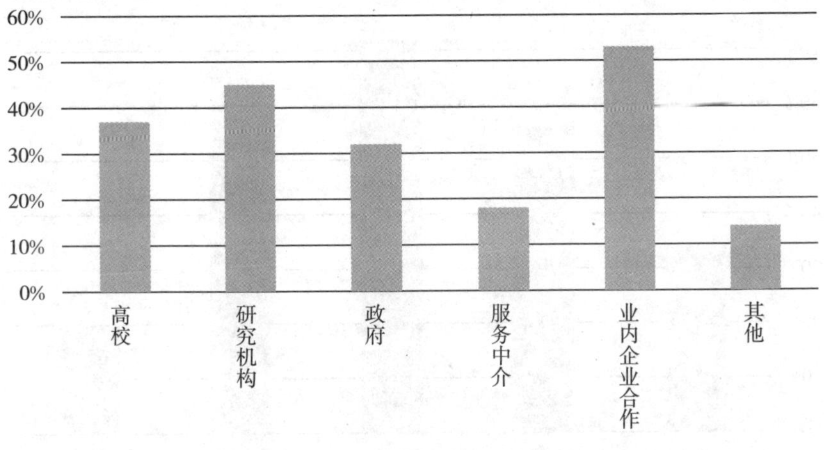

图 8-16 企业合作类型调研分析图

30%～40%，5%的企业 R&D 投入占营业收入的 40%以上，如图 8-17 所示。

从研发经费支出调研来看(多选题)，选择研发经费用于购买设备的企业占比 34%，研发经费用于专利维护的企业占比为 56%，研发经费用于研发技术的企业占比为 72%，研发经费用于人员费用的企业占比为 54%，用于其他支出的企业占比为 20%，如图 8-18 所示。

从研发经费来源调研来看(多选题)，研发经费选择来源于自筹的企业占 67%，选择银行贷款的企业占 75%，选择政府资助的企业占 35%，选择创新基金或风险基金的企业占 32%，选择其他单位投资的企业占 27%，选择其他的企业占

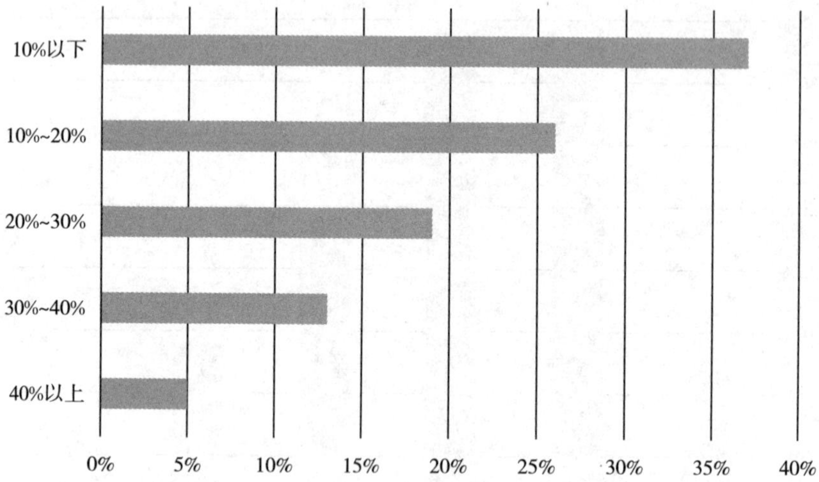

图 8－17　企业 R&D 投入占营业收入调研分析图

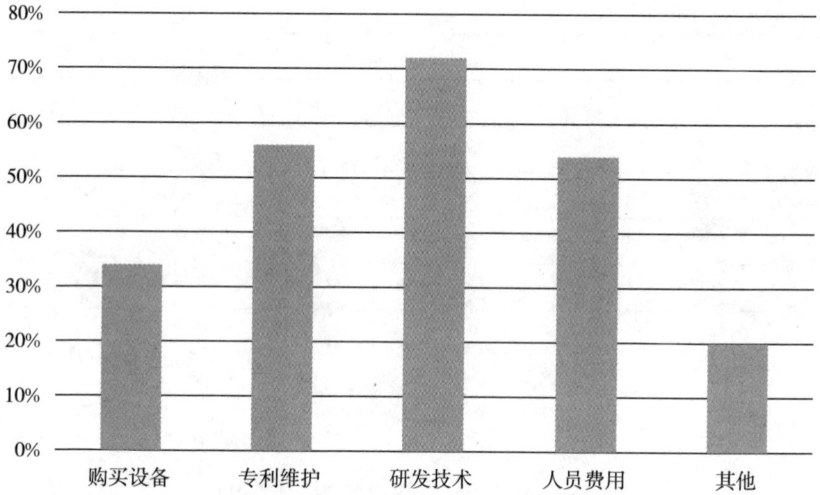

图 8－18　企业研发经费支出调研分析图

19％，如图 8－19 所示。

从企业拥有专利调研来看(单选题)，16％企业拥有专利 50 件以下，29％企业拥有专利范围在 50～100 件，21％企业拥有专利范围在 100～150 件，19％企业拥有专利范围在 150～200 件，15％企业拥有专利范围在 200 件以上，如图 8－20 所示。

从企业研发技术来源调研来看(多选题)，选择自主研发的企业占 55％，选择购买国内技术的企业占 47％，选择购买国外技术的企业占 62％，选择与高校科研

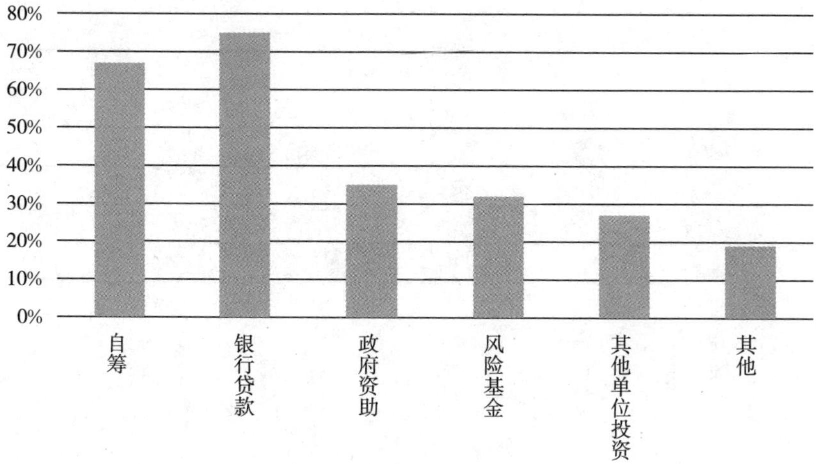

图 8-19　企业研发经费来源调研分析图

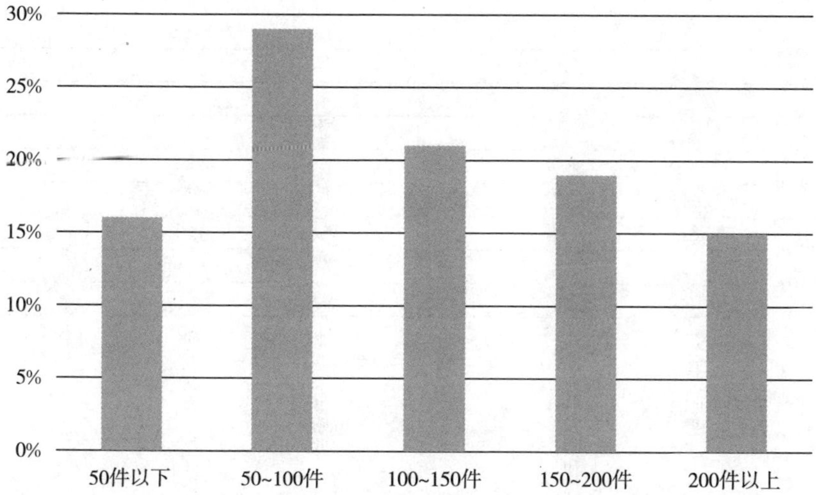

图 8-20　企业拥有专利调研分析图

结构合作的企业占 39%，选择与其他企业合作的企业占 48%，选择其他途径的企业占 19%，如图 8-21 所示。

从企业研发成功关键因素的调研来看（多选题），如图 8-22 所示，选择资金充足度的企业占比 73%，选择开发人员素质和数量的企业占比 64%，选择激励政策的企业占比 53%，选择相关知识获取的企业占比 59%，选择研究交流工作环境的企业占比 48%，选择其他因素的企业占比 32%。

从阻碍企业研发内部因素调研分析来看（多选题），选择技术储备不足因素的

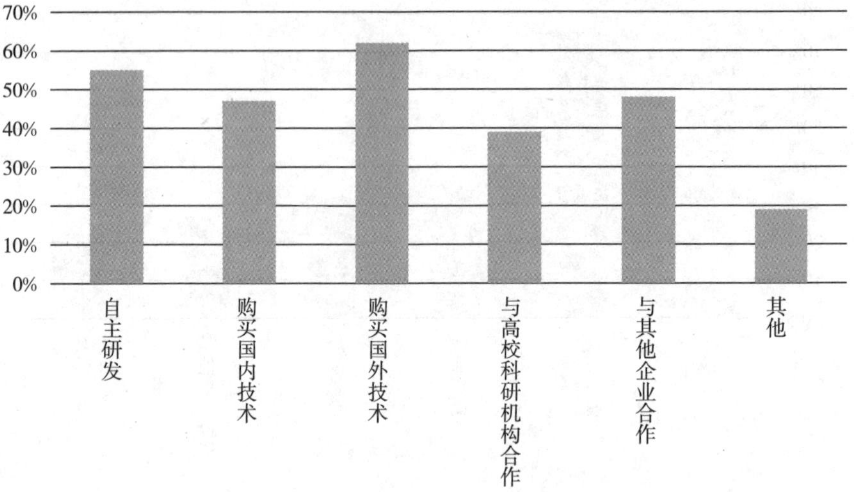

图 8-21　企业研发技术来源调研分析图

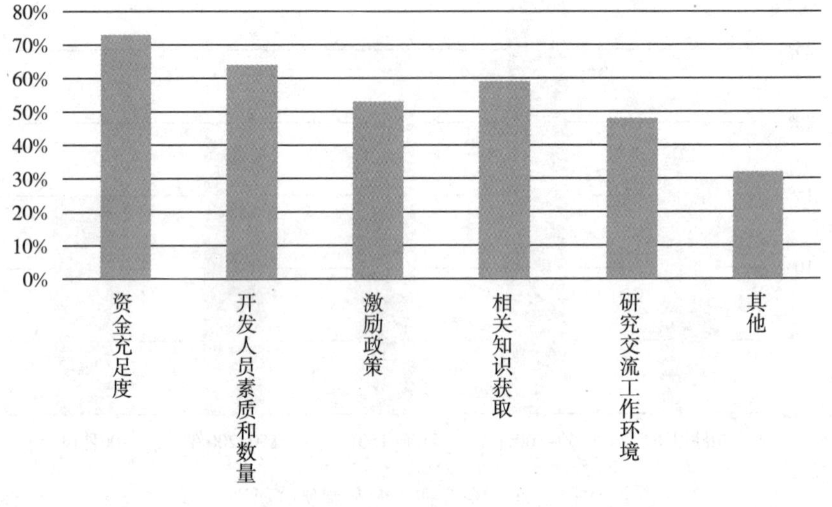

图 8-22　企业研发成功关键因素调研分析图

企业占比 71%，选择成本太高因素的企业占比 67%，选择风险过大因素的企业占35%，选择缺乏研发意识的企业占 31%，选择缺乏资金的企业占比 29%，选择缺乏市场信息的企业占比 19%，选择研发收益分配不合理的企业占比 13%，选择其他因素的企业占比 9%，如图 8-23 所示。

从调研阻碍企业研发成功外部因素分析来看(多选题)，选择技术市场不健全的企业占 54%，选择政府支持力度不足的企业占 61%，选择知识产权保护不力的

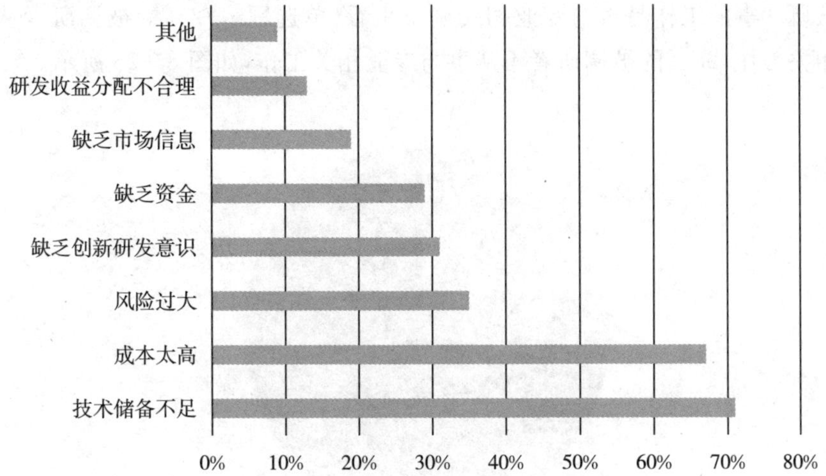

图 8-23　阻碍企业研发成功内部因素调研分析图

企业占 49%，选择缺乏技术支持的企业占 75%，选择社会文化氛围不利的企业占 27%，选择其他因素的企业占 19%，如图 8-24 所示。

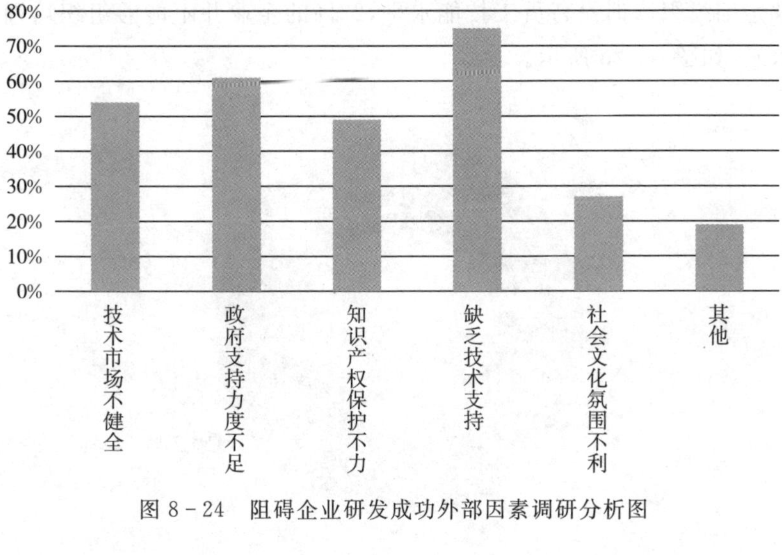

图 8-24　阻碍企业研发成功外部因素调研分析图

第三节　安徽人力推动长三角发展调查研究

安徽人力推动长三角发展调研采用网上问卷方式，发放问卷 810 份，回收问卷 764 份，有效问卷 94.32%，问卷形式以单项选择与多项选择为主。

从所从事的工作是否与专业相关调研来看(单选题),72%的被调研者从事与专业相关工作,28%的被调研者不从事与专业相关工作,如图8-25所示。

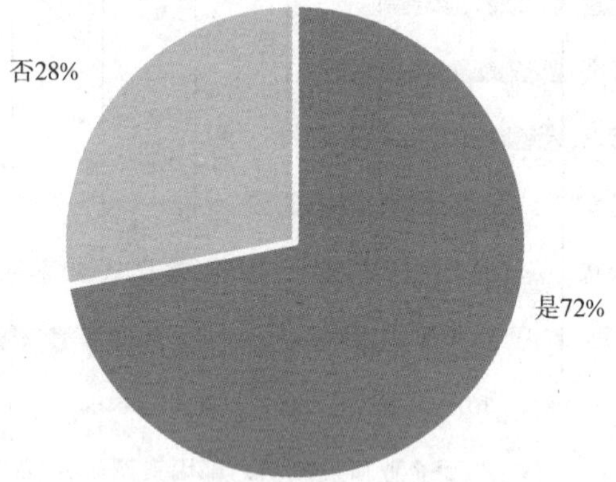

图8-25 从事工作与专业相关性调研分析图

从所在公司是否定期组织培训提高员工技能水平调研来看(单选题),73%的企业能够定期组织培训提高员工技能水平,27%的企业并不能够组织培训提高员工技能水平,如图8-26所示。

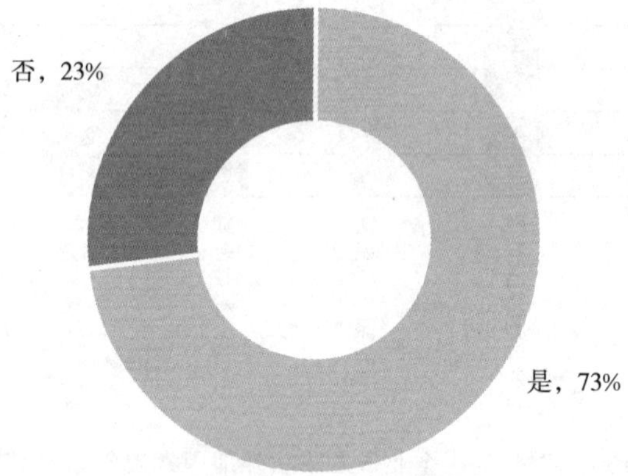

图8-26 是否定期组织培训提高员工技能水平调研分析图

从吸引来市工作原因调研分析来看(多选题),选择地域发展的参与者占78%,选择工资待遇的参与者占81%,选择解决户籍的参与者占63%,选择人才激励政策的参与者占87%,选择所学专业匹配的参与者占71%,选择其他原因的参与者占30%,如图8-27所示。

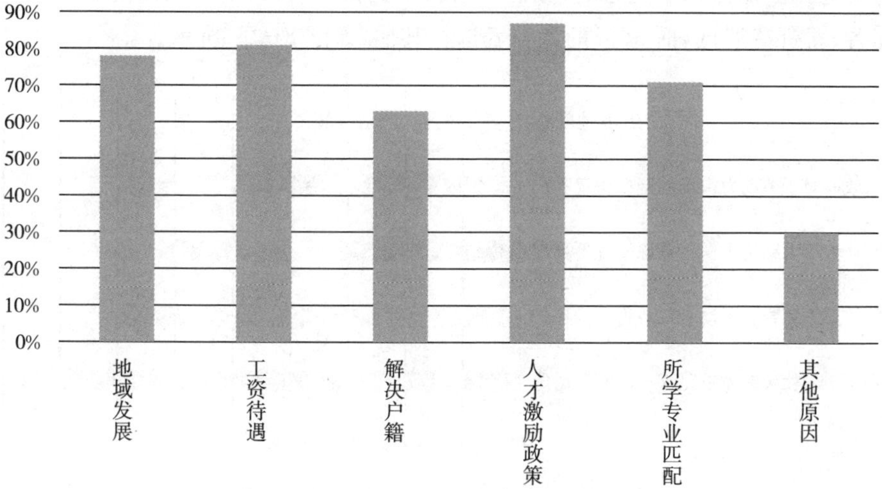

图 8-27　吸引来市工作原因调研分析图

从吸引人才的途径调研来看(多选题),59%的参与者选择完善跨区域人才合作机制,68%的参与者选择强化政府的支持和引导作用,71%的参与者选择构建人才信息共享平台,79%的参与者选择依据产业类型吸引人才,而选择其他方法的参与者占 37%,如图 8-28 所示。

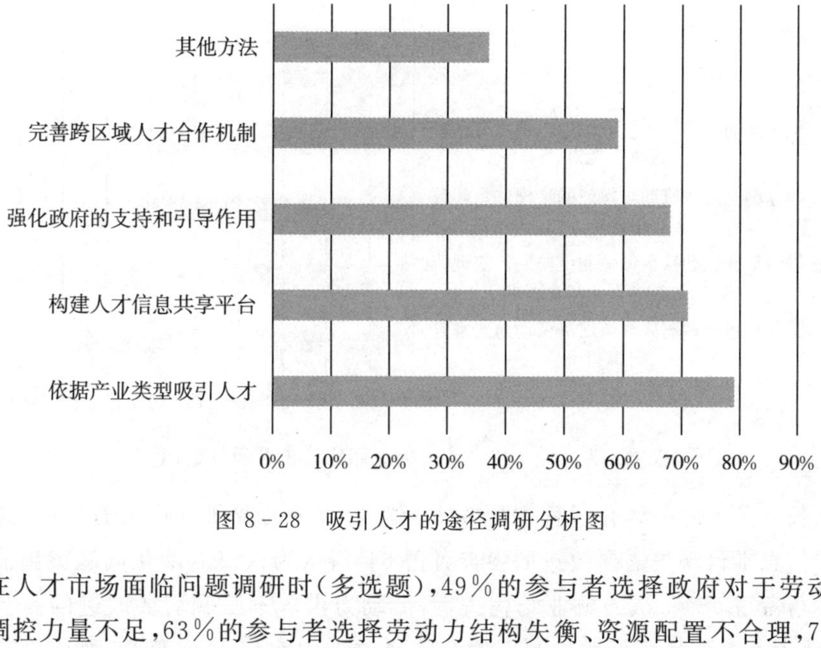

图 8-28　吸引人才的途径调研分析图

在人才市场面临问题调研时(多选题),49%的参与者选择政府对于劳动力市场的调控力量不足,63%的参与者选择劳动力结构失衡、资源配置不合理,71%的参与者选择法律体系不完善、劳动者权益得不到保护，87%的参与者选择社会保障不完善、薪资待遇低，而38%的参与者选择其他，如图8-29所示。

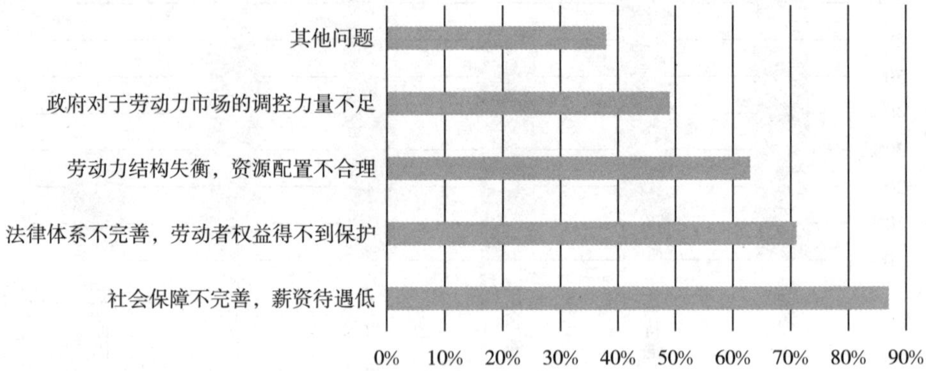

图8-29 人才市场面临问题调研分析图

从促进长三角人才市场一体化途径调研来看（多选题），59%的参与者认为要加强流动人口职业技能培训，提高劳动者的就业能力；63%的参与者认为要建立健全人才流动与保障的法规体系和政策体系；67%的参与者认为要推进劳动就业和社会保障制度协同，实现劳动力跨区域平等竞争就业；78%的参与者认为要深化户籍管理制度改革促进劳动力要素自由流动；而31%的参与者选择使用其他途径，如图8-30所示。

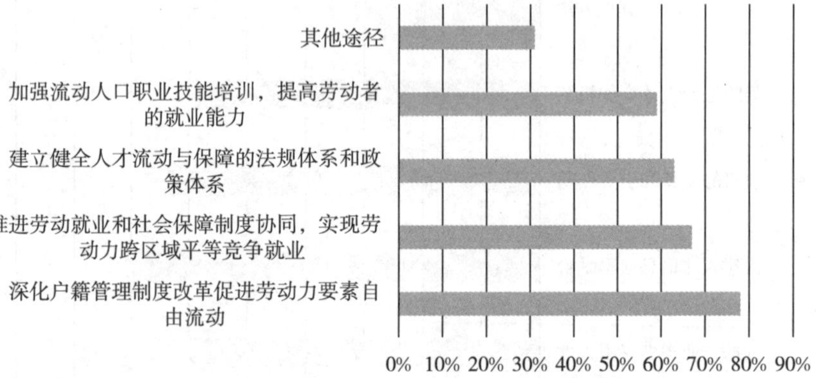

图8-30 长三角人才市场一体化途径调研分析图

从长三角人才一体化过程中哪些方面需要改进的调研分析来看（多选题），认为人才信息平台缺失需要改进的参与者占64%；认为人口老龄化问题突出需要改进的参与者占68%；认为就业结构失衡，劳动力供求不匹配需要改进的参与者占72%；认为人才跨区域流动机制不健全需要改进的参与者占75%；而认为其他方面需要改进的参与者占 31%,如图 8-31 所示。

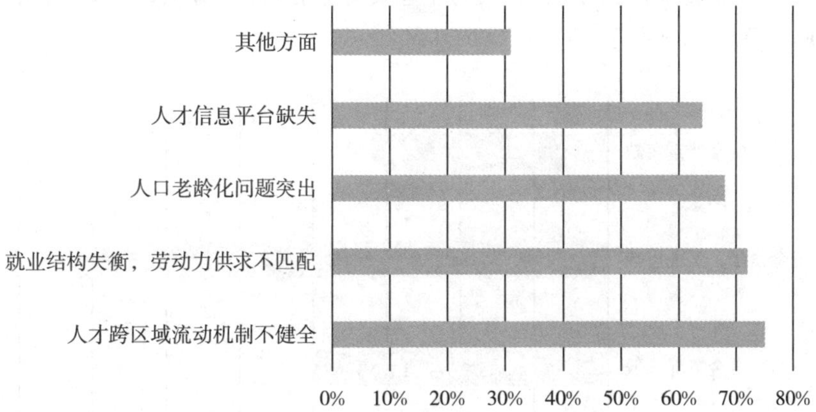

图 8-31 长三角人才一体化需要改进方面调研分析图

第四节 安徽金融推动长三角发展调查研究

安徽金融推动长二角发展调研采用网上问卷方式,发放问卷 630 份,回收问卷 597 份,有效问卷 94.76%,问卷形式以单项选择与多项选择为主。

从企业归属地区来看(单选题),20%的企业属于上海,27%的企业属于江苏,21%的企业属于浙江,30%的企业属于安徽,如图 8-32 所示。

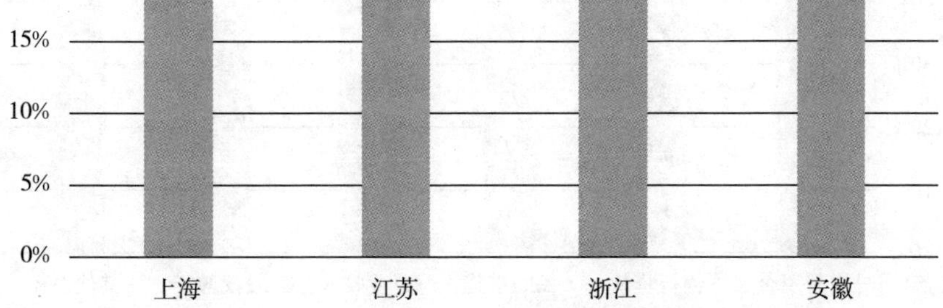

图 8-32 企业归属地区调研分析图

从企业资金短缺状况调研分析来看(单选题),27%的企业资金充裕,没有短缺;20%的企业资金情况一般;37%的企业资金紧张,出现短缺;16%的企业资金严重短缺,如图 8-33 所示。

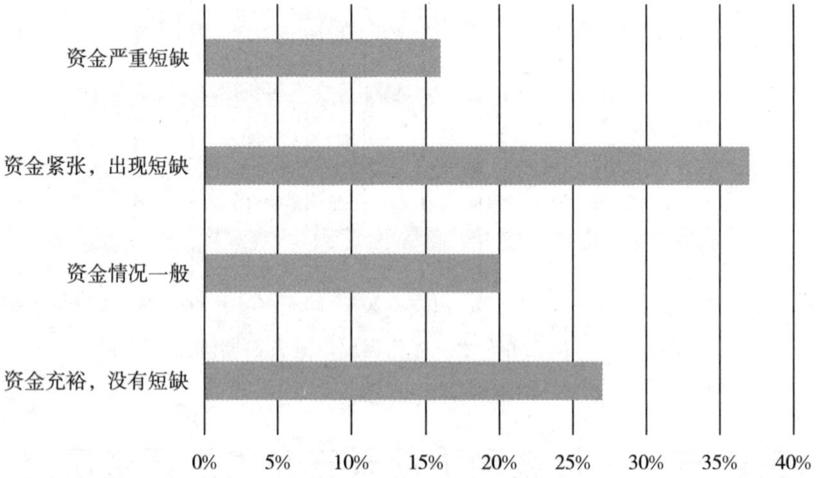

图 8-33 企业资金短缺状况调研分析图

从企业运转资金来源调研来看(多选题),选择自筹资金的企业占 70%,选择银行贷款的企业占 75%,选择民间借贷的企业占 38%,选择营业收入的企业占 63%,选择股权融资的企业占 69%,选择其他途径的企业占 41%,如图 8-34 所示。

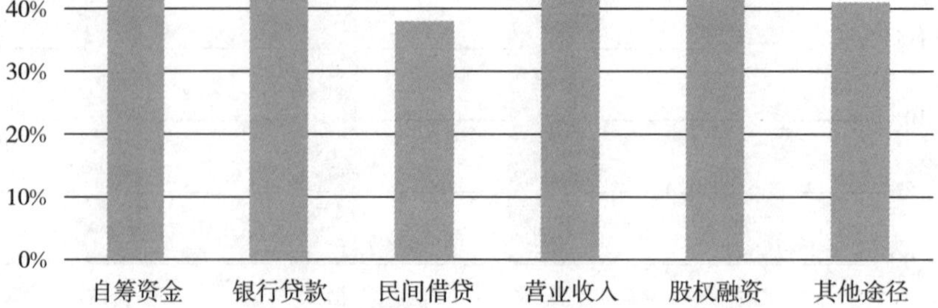

图 8-34 企业运转资金来源调研分析图

从企业资金紧张原因调研来看(多选题),选择人民币升值压力大的企业占37%;选择出口退税率降低的企业占49%;选择难以从银行、民间融资的企业占57%;选择企业治理不善,资金周转不灵的企业占59%;选择劳动力成本上升,资金占用增加的企业占62%;选择生产投资规模扩张过快,流动资金配套跟不上需求的企业占65%;选择原材料涨价过快,自身产品涨价困难,利润空间受到挤压,导致资金占用增加过快的企业占69%;选择产品销售渠道不畅产,成品和应收货款占用上升的企业占71%,如图8-35所示。

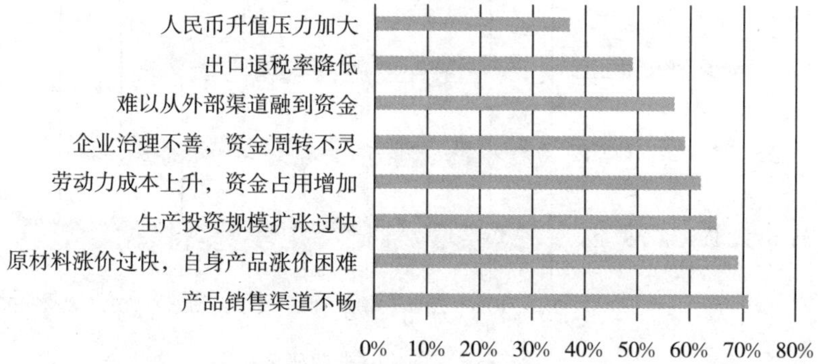

图8-35　企业资金紧张原因调研分析图

从企业所需资金用途调研来看(多选题),用于技术改造的企业占45%,用于补充流动资金的企业占36%,用于购进设备的企业占57%,用于归还拖欠贷款的企业占61%,用于其他方面的企业占21%,如图8-36所示。

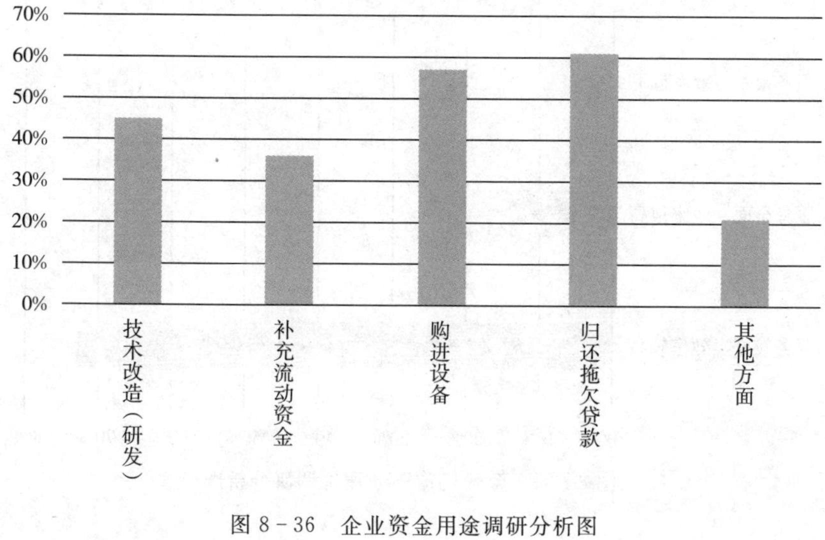

图8-36　企业资金用途调研分析图

从企业贷款困难原因调研来看(多选题),选择信用等级不够的企业占47%,选择抵押不足的企业占59%,选择缺少信用机构担保的企业占67%,选择信息不畅通或其他原因的企业占76%,选择银行不愿意贷款给小微企业的占86%,如图8-37所示。

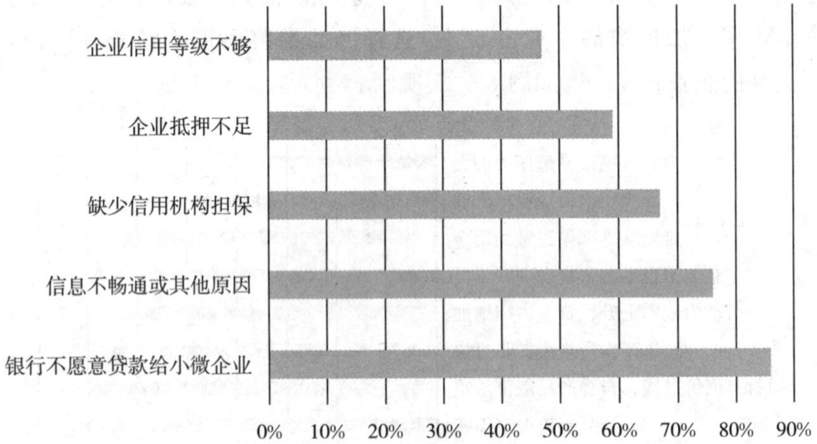

图8-37 企业贷款困难调研分析图

对金融机构在融资、投资、收购兼并等活动中所提供的服务的评价调研来看(多选题),10%的企业认为金融机构提供的服务很差、效率低下,17%的企业认为金融机构服务全面、效率很高,73%的企业认为金融机构服务较好、效率较高,服务需要进一步提升,如图8-38所示。

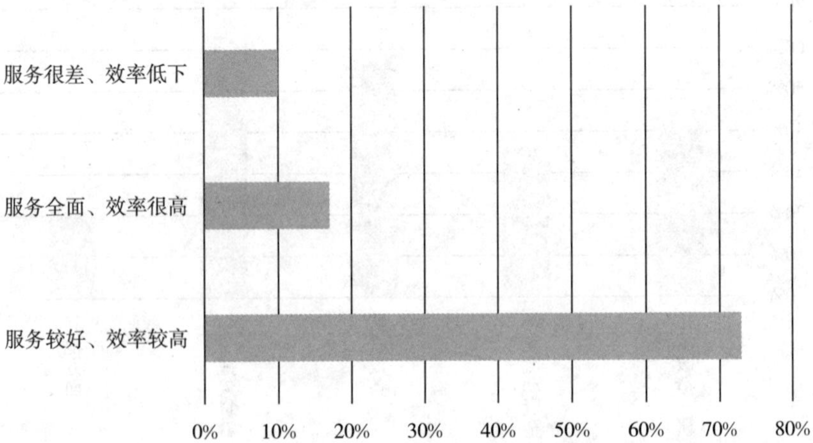

图8-38 金融机构服务评价调研分析图

附录1　长三角高质量认知与期望调查问卷

尊敬的女士/先生：

您好！

我们是长三角一体化高质量发展调查课题组。目前，上海、江苏、浙江、安徽4省市有关推动长三角区域一体化高质量发展的热情高涨，相关政策正在酝酿出台。在此背景下，我们通过问卷形式，就一些问题进行调查。本次调查采取匿名原则，所填写的信息仅用于学术研究，请您根据实际情况填写，万分感谢您的参与！

长三角一体化高质量发展调查课题组

一、参与者概况调查

1. 您的性别(　　)
   A. 男
   B. 女
2. 您的职业是(　　)
3. 您的年龄(　　)
   A. 20岁及以下
   B. 21～45岁
   C. 46～60岁
   D. 61岁及以上
4. 您的受教育程度(　　)
   A. 初中及以下
   B. 高中
   C. 大专
   D. 本科及以上
5. 您的月收入水平大概多少(　　)

A. 小于3000元/月

B. 3000～8000元/月

C. 8000～15000元/月

D. 大于15000元/月

6. 您来目前的工作或学习所在地几年了(　　)

A. 5年以内

B. 5～10年

C. 10年以上

D. 就是本地人

二、对长三角区域一体化现状的感知与认知状况调查

7. 请根据您对如下表述的赞同度选择相应的数据(　　)(多选,3～5个)

A. 长三角地区有相似的历史文化基础

B. 长三角地区部分城市已经可以跨境使用公交卡

C. 长三角地区部分城市的地铁已经跨境运营

D. 长三角的部分城市已经可以异地使用医保卡

E. 长三角范围内的异地购房政策已经较为宽松

F. 长三角的各个城市进一步加强合作会有利于个人的发展

G. 增进人们对长三角的认同是促进城市之间加强合作的基础

H. 未来应有更多长三角城市可以跨境使用公交卡

I. 未来应有更多长三角城市可以异地使用医保卡

J. 未来长三角范围内的异地购房政策应该更加宽松

K. 未来长三角地区的车辆应该可以异地办理年检等手续

L. 未来长三角地区的城市应该更多鼓励劳动力的流动

M. 相比我所在的城市,我会更关心长三角整体的发展

N. 英国脱欧公投的结果,增加了我对长三角一体化进程的怀疑

8. 您对"长三角区域一体化"了解程度(　　)(单选)

A. 非常了解

B. 比较了解

C. 一般了解

D. 不了解

9. 通过您日常生活的体验,在哪些方面可以感受到长三角区域一体化建设(　　)(多选,最多3个)

A. 交通一体化
B. 医保一体化
C. 就业一体化
D. 旅游一体化
E. 信息一体化
F. 教育一体化
G. 环保一体化
H. 没有感受到明显变化
I. 其他

10. 您觉得长三角区域一体化给城市居民生活带来了哪些明显的作用(　　)(多选,最多3个)

A. 增加各地人员交流
B. 促进各地的商业发展
C. 日常交通变得更加便利
D. 繁荣各地的经济
E. 促进城市之间的融合
F. 其他

11. 您对长三角区域内电信提供的功能或服务状况满意吗(　　)(单选)

A. 非常满意
B. 比较满意
C. 一般满意
D. 不满意

12. 您对目前长三角区域一体化融合总体成效的评价如何(　　)(单选)

A. 非常有成效
B. 比较有成效
C. 一般有成效
D. 比较没有成效
E. 完全没有成效

三、对未来长三角区域一体化发展的预期和重要关切情况调查

13. 您对未来长三角区域一体化发展有哪些期待(　　)(多选,最多3个)

A. 医疗和社会保障的一体化
B. 文化教育一体化

C. 科技创新驱动一体化

D. 公共交通一体化

E. 环保监管一体化

F. 其他

14. 您认为未来长三角区域一体化应着重加强哪方面建设(　　)(多选,3～5个)

A. 3小时交通圈

B. 长三角高速公路不收通行费

C. 公交卡异地使用

D. 幸福生活城市圈

E. 景点联游

F. 联网基本医疗保险、定点医疗机构的互认

G. 社会保险互联互通

H. 长三角区域安居资源共享

I. 汽车牌照异地办理

J. 其他

15. 您认为安徽省应该如何带动长三角区域一体化发展(　　)(多选,2～4个)

A. 完善长三角区域的商务环境与法规制度

B. 强化长三角区域与国际的合作

C. 加大人才引进力度

D. 增强长三角区域的信息交流与创新

16. 您对长三角区域营商环境与公共服务一体化有什么期待吗(　　)(多选,3～5个)

A. 居民身份证办理在长三角区域内实现一体化

B. 公交卡服务一体化

C. 养老金提取一体化

D. 企业注册网络化

E. 医疗服务一体化

F. 护照办理一体化

G. 教育服务一体化

H. 人才与就业区域化

I. 养老退休同城化

17. 您认为金融在长三角区域一体化中应该承担什么作用(　　)(单选)

A. 异地贷款

B. 异地企业融资

C. 信贷市场一体化

D. 降低异地办理的交易费用

E. 提高长三角金融一体化程度

18. 您认为长三角城市群内实现电信一体化/同城化是否可行(　　)(单选)

A. 完全支持

B. 比较支持

C. 一般支持

D. 比较不支持

E. 完全不支持

19. 您认为长三角区域实现一体化对人们居住地有何影响(　　)(单选)

A. 倾向于去上海、南京、杭州以及合肥就业或生活

B. 倾向于去南通、盐城、扬州、镇江、泰州、绍兴就业或生活

C. 倾向于去苏州、常州、宁波、无锡就业或生活

D. 倾向于去湖州、嘉兴、金华、舟山、台州就业或生活

E. 倾向于去芜湖、马鞍山、铜陵、安庆、宣城、池州、滁州就业或生活

20. 哪些因素会影响你选择就业或生活所在的城市(　　)(多选)

A. 教育条件

B. 房价高低

C. 交通成本

D. 生活成本

E. 医疗条件

21. 您认为长三角区域一体化后对房价有何影响(　　)(单选)

A. 上海的房价会快速上涨且快于周边其他省市

B. 周边省市的房价上涨会快于上海

C. 长三角区域房价会整体上涨

D. 上海房价可能会有一定幅度下降

E. 长三角区域的房价会整体下跌

22. 您认为目前阻碍长三角区域一体化发展的主要因素是什么(　　)(多选，2～4个)

A. 城市分工不明确

B. 劳动力不能自由跨区域流动

C. 跨区域就业存在障碍

D. 区域行政壁垒

E. 跨省市医疗存在行政壁垒

F. 教育资源无法在长三角区域内实现共享

23. 您对长三角区域内劳动力可以实现自由流动的态度(　　)(单选)

A. 完全赞同

B. 比较赞同

C. 一般赞同

D. 比较不赞同

E. 完全不赞同

24. 如果劳动力不能实现自由流动,那么主要障碍是什么(　　)(多选,2～4个)

A. 教育难以同城化和一体化

B. 医疗成本过高且区域差异较大

C. 户籍制度

D. 行政壁垒

E. 生活成本

F. 交通成本

附录 2　安徽科技推动长三角发展调查问卷

1. 企业所属行业(　　)[单选题]

 A. 化工金属行业

 B. 食品药品行业

 C. 大型装备制造业

 D. 通讯电气行业

 E. 日用消费品行业

 F. 新能源技术行业

 G. 高新技术产业

 H. 服务业

2. 企业性质(　　)[单选题]

 A. 国有企业

 B. 股份制企业

 C. 集体企业

 D. 私营企业

 E. 三资企业

 F. 事业单位

 G. 其他

3. 企业规模(　　)[单选题]

 A. 100 人以下

 B. 100～500 人

 C. 500～1000 人

 D. 1000 人以上

4. 贵企是否有专利管理和转化机构(　　)[单选题]

 A. 有

B. 没有

5. 贵企从事科技研发和管理的专业人数占职工比例(　　)[单选题]

A. 5%以下

B. 5%～10%

C. 10%～15%

D. 15%～20%

E. 20%～25%

F. 25%以上

6. 企业技术研发多是与哪些组织合作(　　)[多选题]

A. 高校

B. 研究机构

C. 政府

D. 服务中介

E. 业内企业合作

F. 其他

7. R&D投入占营业收入的比例(　　)[单选题]

A. 10%以下

B. 10%～20%

C. 20%～30%

D. 30%～40%

E. 40%以上

8. 研发经费支出主要用于(　　)[多选题]

A. 购买设备

B. 专利维护

C. 研发技术

D. 人员费用

E. 其他

9. 研发经费来源(　　)[多选题]

A. 自筹

B. 银行贷款

C. 政府资助

D. 创新基金或风险基金

E. 其他单位投资

F. 其他

10. 贵企专利转化过程中资金主要来源(　　)[多选题]

A. 单位间资金拆借

B. 信用担保

C. 银行借款

D. 风险投资

E. 政府财政资金

F. 资本市场

G. 自有资金

H. 其他

11. 贵企拥有专利情况(　　)[单选题]

A. 50 件以下

B. 50～100 件

C. 100～150 件

D. 150～200 件

E. 200 件以上

12. 科技研发的最初构想来自以下哪种(　　)[多选题]

A. 研发人员灵感

B. 政府部门

C. 模仿大企业

D. 市场调研

E. 专利文献

F. 现有产品技术改进

G. 销售部门信息反馈或产品问题反馈

H. 其他

13. 在研发选题和技术开发中是否对专利信息进行搜索(　　)[单选题]

A. 进行了专利检索

B. 不知道如何检索

C. 检索的参考价值不大

D. 检索后避免了重复开发

14. 技术相关信息于来源(　　)[多选题]

A. 专利数据库

B. 企业内部专利管理部门

C. 行业协会

D. 行业主管部门

E. 中介咨询机构

F. 技术合作单位

G. 技术交流和展览会

H. 其他

15. 企业技术开发状况(　　)[单选题]

A. 有技术开发机构并能提供企业所需50%以上技术

B. 有技术开发机构并能提供企业所需50%以下技术

C. 有技术开发机构且出售专利

D. 没有技术开发机构

16. 研发技术来源(　　)[多选题]

A. 自主研发

B. 购买国内技术

C. 购买国外技术

D. 与高校科研机构合作研发

E. 与其他企业合作研发

F. 其他

17. 研发过程主要的知识和技术来源(　　)[多选题]

A. 技术书籍和网络资料

B. 企业内讨论交流

C. 行业内交流活动

D. 私人关系交流

E. 求助高校与研究院所

F. 其他

18. 新开发的技术或产品申请专利情况(　　)[单选题]

A. 均申请专利

B. 均采用技术秘密保护

C. 部分申请,核心技术不申请

D. 其他

19. 企业研发过程中,对研究成功的影响因素(　　)[多选题]

A. 资金充足度

B. 开发人员素质和数量

C. 激励政策

D. 相关知识获取

E. 研究交流工作环境

F. 其他

20. 阻碍研发的主要内部因素(　　)[多选题]

A. 风险过大

B. 成本太高

C. 技术储备不足

D. 缺乏资金

E. 缺乏创新研发意识

F. 缺乏市场信息

G. 研发收益分配不合理

H. 其他

21. 阻碍研发的主要外部因素(　　)[多选题]

A. 技术市场不健全

B. 政府支持力度不足

C. 知识产权保护不力

D. 缺乏技术支持

E. 社会文化氛围不利

F. 其他

22. 贵公司生产技术的主要获得方式(　　)[多选题]

A. 简单模仿

B. 在模仿的基础上创新

C. 自己独立开发

D. 合作开发

E. 委托开发

F. 购买现成技术成果

G. 股东技术入股投入

23. 目前企业已成功产业化的专利大多是(　　)[多选题]

A. 自主实施

B. 专利权转让

C. 以技术入股形式实施

D. 参与技术标准专利池或通过技术标准许可

24. 企业专利转让或产业化过程中,影响程度因素排序(　　)[排序题]

A. 资金

B. 技术人员

C. 政策

D. 市场前景预期

E. 其他

25. 如果贵企有研发专利(或过去的做法),将通过哪种方式产业化获利(　　)[单选题]

A. 自己立即产业化

B. 出售专利

C. 联营产业化

D. 自己使用并出售

E. 等待时机产业化

F. 其他

26. 贵企在发明专利从获得到实施的过程中,感到困难的是(　　)[多选题]

A. 资金问题

B. 人才问题

C. 技术问题

D. 政策环境问题

E. 信息问题

F. 认识和创新氛围环境

G. 中介机构的服务问题

H. 其他

27. 专利产业化过程中各种信息的获得成本(　　)[单选题]

A. 很高

B. 较高

C. 一般

D. 较低

28. 目前专利转化服务体系存在的主要问题有(　　)[多选题]

A. 体系不健全

B. 服务能力有限

C. 服务品种少

D. 服务效率低

E. 市场秩序不良

F. 收费不合理

G. 存在欺诈行为

H. 其他

29. 贵企认为科技资本对企业整体发展贡献(　　)[单选题]

A. 0%～25%

B. 25%～50%

C. 50%～75%

D. 75%～100%

附录3 安徽人力推动长三角发展调查问卷

1. 您的学历是（ ）[单选题]

A. 大专及以下

B. 本科

C. 硕士研究生

D. 博士及以上

2. 您所学专业是（ ）[填空题]

____

3. 您所从事的工作是否与专业相关（ ）[单选题]

A. 是

B. 否

4. 您在正式开始工作前是否参与过相关培训（ ）[单选题]

A. 是

B. 否

5. 您的性别是（ ）[单选题]

A. 男

B. 女

6. 您的年龄是（ ）[单选题]

A. 20～29岁

B. 30～39岁

C. 40～49岁

D. 50～59岁

E. 60岁及以上

7. 您所从事的工作对专业技能要求高吗（ ）[单选题]

A. 高

B. 一般

C. 低

D. 无要求

8. 您所在公司是否会定期组织培训提高员工技能水平(　　)[单选题]

A. 是

B. 否

9. 您所在公司是否会及时更新工作设备(　　)[单选题]

A. 是

B. 否

10. 您所在公司是否会投入资金不断改进技术(　　)[单选题]

A. 是

B. 否

11. 您目前工作的城市是(　　)[单选题]

A. 上海

B. 安徽

C. 浙江

D. 杭州

12. 您的户籍和您工作的城市是否一致(　　)[单选题]

A. 是

B. 否

13. 您从事的行业属于(　　)[单选题]

A. 第一产业

B. 第二产业

C. 第三产业

14. 您的薪资水平为(　　)[单选题]

A. 3000 元及以下

B. 3000 元～6000 元

C. 6000 元～9000 元

D. 9000 元及以上

15. 据您了解,您的工资与长三角其他城市同行业相比情况如何(　　)[单选题]

A. 高于其他城市

B. 低于其他城市

C. 差不多

D. 不清楚

16. 您是否为您所在城市或单位的引进人才(　　)[单选题]

A. 是

B. 否

17. 您有享受到当地相关部门在人才就业方面提供的便利措施吗(　　)[单选题]

A. 有

B. 没有

18. 吸引您来工作的最主要原因是什么(　　)[多选题]

A. 地域发展

B. 工资待遇

C. 解决户籍

D. 人才激励政策

E. 所学专业

F. 其他

19. 您认为所在城市目前最需要哪些人才(　　)[多选题]

A. 专业性人才

B. 通用型人才

C. 创新型人才

D. 技能型人才

E. 其他

20. 您了解的当地人才培养制度及实施有哪些问题(　　)[多选题]

A. 受众群体覆盖小

B. 与其他地区相比吸引力不大

C. 具体实施难以实现或执行不到位

D. 政策宣传不到位,群众不熟悉

E. 其他

21. 根据您的了解,您所在单位引进人才的主要方式是(　　)[多选题]

A. 到高校招聘应届毕业生

B. 人才市场中介

C. 员工推荐

D. 网络招聘

E. 其他

22. 在长三角高质量一体化过程中，您认为哪些方法能有效吸引人才(　　)[多选题]

A. 强化政府的支持和引导作用

B. 完善跨区域人才合作机制

C. 构建人才信息共享平台

D. 依据产业类型吸引人才

E. 其他方法

23. 你认为当地人才市场面临着哪些问题(　　)[多选题]

A. 政府对于劳动力市场的调控力量不足

B. 法律体系不完善，劳动者权益得不到保护

C. 劳动力结构失衡，资源配置不合理

D. 社会保障不完善，薪资待遇低

E. 其他问题

24. 您认为如何促进长三角人才市场一体化发展(　　)[多选题]

A. 深化户籍管理制度改革促进劳动力要素自由流动

B. 推进劳动就业和社会保障制度协同，实现劳动力跨区域平等竞争就业

C. 建立健全人才流动与保障的法规体系和政策体系

D. 加强流动人口职业技能培训，提高劳动者的就业能力

E. 其他途径

25. 在长三角高质量一体化过程中，您认为还有哪些方面需要改进(　　)[多选题]

A. 人口老龄化问题突出

B. 就业结构失衡，劳动力供求不匹配

C. 人才信息平台缺失

D. 人才跨区域流动机制不健全

E. 其他方面

附录4 安徽金融推动长三角发展调查问卷

一、地域调研

1. 贵企业归属地区(　　)[单选题]

　A. 上海

　B. 江苏

　C. 浙江

　D. 安徽

2. 贵企业的注册资本是(　　)万元

3. 所在企业职工人数(　　)[单选题]

　A. 500人以下

　B. 500～1000人

　C. 1000人以上

4. 贵企业2021年固定员工人数大约(　　)人[填空题]

5. 贵企业现阶段资金短缺的情况(　　)[单选题]

　A. 资金充裕,没有短缺

　B. 资金情况一般

　C. 资金紧张,出现短缺

　D. 资金严重短缺

二、行业分析

6. 贵企业所属行业(　　)[单选题]

　A. 工业

　B. 商业

　C. 高科技产业

D. 其他

7. 公司成立时间(　　)[单选题]

A. 0～5 年

B. 5～10 年

C. 10～20 年

D. 20 年以上

8. 注册资本资金来源构成(　　)[单选题]

A. 自筹资金

B. 银行贷款

C. 民间借贷

D. 营业投入

E. 股权融资

F. 其他方面

9. 当前企业运转资金来源构成(　　)[单选题]

A. 自筹资金

B. 银行贷款

C. 民间借贷

D. 营业投入

E. 股权融资

F. 其他方面

三、融资分析

10. 假如公司资金紧张,原因是什么(　　)[多选题]

A. 生产投资规模扩张过快,流动资金配套跟不上需求

B. 原材料涨价过快,自身产品涨价困难,利润空间受到挤压,导致资金占用增加过快

C. 人民币升值压力加大

D. 出口退税率降低

E. 劳动力成本上升,资金占用增加

F. 难以从外部渠道融到资金(包括银行和民间融资)

G. 产品销售渠道不畅产成品和应收货款占用上升

H. 企业治理不善,效益不行,资金周转不灵

11. 贵企业所需资金主要用于(　　)[多选题]

A. 技术改造(研发)

B. 补充流动资金

C. 购进设备

D. 归还拖欠贷款

E. 其他方面

12. 如果贵企业曾经获得过银行贷款,则贷款的担保方式为( )[多选题]

A. 信用贷款,无需担保

B. 房产、设备抵押贷款

C. 朋友担保贷款

D. 专业担保公司贷款

E. 其他企业或第三方担保

F. 其他担保方式

四、问题分析

13. 企业期望融资金额是( )[单选题]

A. 500 万以下

B. 500 万~5000 万

C. 5000 万~9000 万

D. 9000 万以上

14. 企业期待融资一年期年化利率范围( )[单选题]

A. 4%~6%

B. 6%~8%

C. 8%~12%

D. 12%以上

15. 企业期待放款的时间( )[单选题]

A. 10 天以内

B. 10~20 天

C. 20~30 天

D. 30 天以上

16. 贵企业 2021 年的资产负债率是( )[单选题]

A. 20%以下

B. 21%~50%

C. 51%~80%

D. 81%以上

17. 贵公司从银行贷款的难易程度(　　)[单选题]

A. 容易

B. 困难

18. 如果从银行贷款比较困难的话,主要原因是(　　)[单选题]

A. 企业信用等级不够

B. 企业抵押不足

C. 缺少信用机构担保

D. 银行不愿意贷款给小微企业

E. 信息不畅通或其他原因

19. 企业融资主要偏向于(　　)[单选题]

A. 短期融资

B. 长期融资

20. 您认为银行借款能否满足融资需求(　　)[单选题]

A. 能

B. 不能

21. 如果没有融资情况,原因是什么(　　)[多选题]

A. 资金充足

B. 贷款手续烦琐

C. 贷款审批时间

D. 不了解各种融资途径和方法

E. 不了解相关政策规定

五、建议对策

22. 您认为目前本地金融设施及金融环境是否适合企业发展的要求(　　)[单选题]

A. 非常适应

B. 基本适应

C. 不适应

D. 相对滞后

23. 造成外部融资困难对企业的影响由弱到强(　　)(请排序)

A. 市场环境

B. 金融环境

C. 政府政策环境

D. 社会法律环境

E. 经济环境

24. 您对金融机构在融资、投资、收购兼并等活动中所提供的服务的评价(　　)[单选题]

A. 服务全面、效率很高

B. 服务较好、效率较高

C. 服务很差、效率低下

25. 政府资助能在多大程度上缓解资金缺口问题(　　)[单选题]

A. 很大

B. 比较大

C. 一般

D. 没有作用

26. 贵企业在融资过程中遇见了哪些困难(　　)

27. 贵企业在融资过程中除去资金利息,还花费了哪些费用(　　)(包括风险保证金、评估费、保险费、公证费等)

参考文献

[1] 刘志彪,陈柳. 长三角区域一体化发展的示范价值与动力机制[J]. 改革,2018(12):65—71.

[2] 张学良,李丽霞. 长三角区域产业一体化发展的困境摆脱[J]. 改革,2018(12):78—82.

[3] 曾刚,王丰龙. 长三角区域城市一体化发展能力评价及其提升策略[J]. 改革,2018(12):103—111.

[4] 洪银兴. 长三角一体化新趋势[J]. 上海经济,2018(5):122—148.

[5] 刘志迎,唐义春. 泛长三角区域产业分工现状及其影响因素——基于面板数据模型的实证分析[J]. 消费导刊,2009(12):37—39.

[6] 周立群,夏良科. 区域经济一体化的测度与比较:来自京津冀、长三角和珠三角的证据[J]. 江海学刊,2010(7):81—87.

[7] 黄征学,肖金成,李博雅. 长三角区域市场一体化发展的路径选择[J]. 改革,2018(12):83—91.

[8] 吴福象. 长三角区域一体化发展中的协同与共享[J]. 人民论坛·学术前沿,2019(3):34—40.

[9] 任远. 长三角地区人口迁移流动的态势和完善城市群社会管理研究[R]. 上海:复旦大学社会发展与公共政策学院,长三角城市经济协调会,2013.

[10] 卢新海,陈丹玲,匡兵. 区域一体化背景下城市土地利用效率指标体系设计及区域差异——以长江中游城市群为例[J]. 中国人口·资源与环境,2018(07):102—110.

[11] 全毅. 全球区域经济一体化发展趋势及中国的对策[J]. 经济学家,2015,1(1):94—104.

[12] 杨仁发,李娜娜. 产业集聚对长江经济带高质量发展的影响[J]. 区域经济评论,2019(02):71—79.

[13] 韦伟. 长三角高质量一体化发展若干议题的理论思考[J]. 区域经济评

论:1—5.

[14] Niemann A, Ioannou D. European economic integration in times of crisis: a case of neofunctionalism? [J]. Journal of European Public Policy, 2015, 22(2): 196—218.

[15] 刘志彪. 协调竞争规则:长三角地区经济一体化的重要基石[J]. 南京政治学院学报,2002(8):44—48.

[16] Zheng Q, Lin B. Impact of industrial agglomeration on energy efficiency in China's paper industry[J]. Journal of cleaner production, 2018, 184: 1072—1080.

[17] 沈聪. 世界级城市群与京津冀的崛起——访北京大学首都发展研究院院长李国平[J]. 前线,2018(01):70—72.

[18] 潘芳,田爽. 美国东北部大西洋沿岸城市群发展的经验与启示[J]. 前线,2018(02):74—76.

[19] 王玉明. 北美五大湖区城市群环境合作治理的经验[J]. 四川行政学院学报,2016(06):16—19.

[20] 李娣. 欧洲西北部城市群发展经验与启示[J]. 全球化,2015(10):41—52+15+134.

[21] 李凌. 伦敦都市圈对建设中原城市群的启示[J]. 财政科学,2016(09):124—129.

[22] 中华人民共和国国家发展和改革委员会. 国家发展改革委 住房城乡建设部关于印发长江三角洲城市群发展规划的通知[EB/OL]. http://www.ndrc.gov.cn/zcfb/zcfbghwb/201606/t20160603_806390.html, 2018—12.

[23] 柴攀峰,黄中伟. 基于协同发展的长三角城市群空间格局研究[J]. 经济地理,2014,34(6):75—79.

[24] 何叶荣,孟祥瑞,罗文科. 皖江城市群经济发展能力优势比较研究[J]. 安徽理工大学学报(社会科学版),2015,17(6):34—41.

[25] 刘志彪. 区域一体化发展的再思考——兼论促进长三角地区一体化发展的政策与手段[J]. 南京师范大学学报(社会科学版),2014(11):37—46.

[26] 李卉妍,王浩. 统计学——原理与 SPSS 应用[M]. 北京:机械工业出版社,2015:234.

[27] Romer P M. Two strategies for economic development: using ideas and producing ideas[J]. The World Bank Economic Review, 1992, 6(suppl_1): 63—91.

[28] Agostino G, Scarlato M. Inclusive Institutions, Innovation and Economic Growth:Estimates for European Countries[J]. MPRA Paper,2012.

[29] 刘新智,刘娜. 长江经济带技术创新与产业结构优化协同性研究[J]. 宏观经济研究,2019(10):35—48.

[30] 张学良,陈建军,权衡,等. 加快推动长江三角洲区域一体化发展[J]. 区域经济评论,2019(02):80—92.

[31] 丁涛,顾金亮. 科技创新驱动江苏地区经济高质量发展的路径研究[J]. 南通大学学报(社会科学版),2018(04):41—46.

[32] 权衡. 推动长三角制造业率先实现高质量发展[N]. 新华日报,2018—12—04(017).

[33] 吴传清,邓明亮. 科技创新、对外开放与长江经济带高质量发展[J]. 科技进步与对策,2019,36(3):33—41.

[34] 白永亮,石磊. 长江经济带科技创新的空间溢出——效应测度、路径识别与协同放大[J]. 武汉大学学报(哲学社会科学版),2019,72(01):121—134.

[35] 汪发元,郑军. 科技创新、金融发展与实体经济增长——基于长江经济带的动态空间模型分析[J]. 经济经纬,2019,36(04):157—164.

[36] 刘志彪,孔令池. 长三角区域一体化发展特征、问题及基本策略[J]. 安徽大学学报(哲学社会科学版),2019,43(03):137—147.

[37] 曾刚,王丰龙. 长三角区域城市一体化发展能力评价及其提升策略[J]. 改革,2018(12):103—111.

[38] 李瑞昌. 上海在推进长三角区域一体化进程中发挥中心城市作用研究[J]. 科学发展,2018(02):42—49.

[39] 张学良,李丽霞. 长三角区域产业一体化发展的困境摆脱[J]. 改革,2018(12):72—82.

[40] 熊娜,郑军,汪发元. 长三角区域交通高质量一体化发展水平评估[J]. 改革,2019(07):141—149.

[41] 席恺媛,朱虹. 长三角区域生态一体化的实践探索与困境摆脱[J]. 改革,2019(03):87—96.

[42] 于迎,唐亚林. 长三角区域公共服务一体化的实践探索与创新模式建构[J]. 改革,2018(12):92—102.

[43] 吴颖,崔玉平. 长三角区域高等教育一体化的演进历程与动力机制[J]. 高等教育研究,2020,41(01):25—36.

[44] 张学良,林永然,孟美侠. 长三角区域一体化发展机制演进:经验总结与

发展趋向[J]. 安徽大学学报(哲学社会科学版),2019(1):138—147.

[45] 中国经济增长前沿课题组. 突破经济增长减速的新要素供给理论、体制与政策选择[J]. 经济研究,2015,50(11):4—19.

[46] 朱金海. 论长江三角洲区域经济一体化[J]. 社会科学,1995(2):11—15.

[47] 刘志彪. 协调竞争规则:长三角地区经济一体化的重要基石[J]. 南京政治学院学报,2002(8):44—48.

[48] 刘志彪. 区域一体化发展的再思考——兼论促进长三角地区一体化发展的政策与手段[J]. 南京师范大学学报(社会科学版),2014(11):37—46.

[49] 刘志彪,陈柳. 长三角区域一体化发展的示范价值与动力机制[J]. 改革,2018(12):65—71.

[50] 洪银兴. 长三角一体化新趋势[J]. 上海经济,2018(5):122—148.

[51] 周立群,夏良科. 区域经济一体化的测度与比较:来自京津冀、长三角和珠三角的证据[J]. 江海学刊,2010(7):81—87.

[52] 张学良,李丽霞. 长三角区域产业一体化发展的困境摆脱[J]. 改革,2018(12):78—82.

[53] 张学良,林永然,孟美侠. 长三角区域一体化发展机制演进:经验总结与发展趋向[J]. 安徽大学学报(哲学社会科学版),2019(1):138—147.

[54] 张学良,陈建军,权衡,等. 加快推动长江三角洲区域一体化发展[J]. 区域经济评论,2019(02):80—92.

[55] 黄征学,肖金成,李博雅. 长三角区域市场一体化发展的路径选择[J]. 改革,2018(12):83—91.

[56] 吴福象. 长三角区域一体化发展中的协同与共享[J]. 人民论坛·学术前沿,2019(3):34—40.

[57] 孙久文. 区域经济一体化:理论、意义与“十三五”时期发展思路[J]. 区域经济评论,2015(06):8—10.

[58] 曾刚,王丰龙. 长三角区域城市一体化发展能力评价及其提升策略[J]. 改革,2018(12):103—111.

[59] 全毅. 全球区域经济一体化发展趋势及中国的对策[J]. 经济学家,2015,1(1):94—104.

[60] 韦伟. 长三角高质量一体化发展若干议题的理论思考[J]. 区域经济评论:1—5.

[61] Niemann A, Ioannou D. European economic integration in times of

crisis: a case of neofunction-alism? [J]. Journal of European Public Policy, 2015, 22(2): 196－218.

[62] Zheng Q, Lin B. Impact of industrial agglomeration on energy efficiency in China's paper indus try[J]. Journal of cleaner production, 2018, 184: 1072－1080.

[63] Ballot G, Fakhfakh F, Taymaz E. Firms' Human Capital, R&D and Performance: A Study on French and Swedish Firms[J]. Labour Economics, 2001,8(4):443－462.

[64] Grant R M. The Knowledge-based View of the Firm: Implications for Management Practice[J]. Long Range Planning, 1998(30): 450－ 454.

[65] Winne S D, Sels L. Interrelationships between Human Capital, HRM and Innovation in Belgian Start-ups Aiming at an Innovation Strategy[J]. International Journal of Human Resource Man-agement. 2010,21(11):1863－1883.

[66] Caloghirou Y, Kastelli I, Tsakanikas A. Internal Capabilities and External Knowledge Sources: Complements or Substitutes for Innovative Performance? [J]. Technovation ,2009,24(1),29－39.

[67] Caselli F, W J Coleman. Cross-country technology diffusion: the case of computers[J]. American Economic Review, 2001(91):328－335.

[68] 刘智勇，李海峥，胡永远，等．人力资本结构高级化与经济增长——兼论东中西部地区差距的形成和缩小[J]. 经济研究，2018，53(3)：50－63.

[69] 杨菊华，张娇娇．人力资本与流动人口的社会融入[J]. 人口研究，2016，40(4)：3－20.

[70] 刘洪伟,李骏．技术学习成本的分担方式与企业创新绩效关系的实证研究[J]. 工业技术经济,2016,35(02):45－50.

[71] 宋卫国．科技人力资源国际竞争[J]. 科学与管理,2003(06):13－15.

[72] 李波．科技人力资本与经济增长:存在性及门槛效应[J]. 统计与决策，2018,34(01):109－111.

[73] 李静．研究人力资本错配下的决策:优先创新驱动还是优先产业升级？[J]. 经济研究，2019(8):152－166.

[74] 李静，陈月萍．人力资本分布区域极化与动态演进——基于中国省级维度的测算[J]. 统计与信息论坛，2019(6):44－50.

[75] 张同斌．从数量型“人口红利”到质量型“人力资本红利”——兼论中国经济增长的动力转换机制[J]. 经济科学，2017(5):5－17.

[76] 李后建，刘培森．人力资本结构多样性对企业创新的影响研究[J]. 科学学研究，2018(9):1694－1707.

[77] 葛晶，李勇．行政垄断视角下人力资本错配的成因及其解释[J]. 中南财经政法大学学报，2019(5).

[78] 邓翔，朱高峰，万春林．人力资本对中国经济增长的门槛效应分析——基于人力资本集聚视角[J]. 经济问题探索，2019(5):173－181.

[79] 房俊峰,赵培红,谢姝琳．人力资本投资收益的区际差异:指数化分析及实证——以我国东部沿海6个城市群为例[J]. 城市发展研究(12):54－59.

[80] 汪彦，华钢，曾刚．人力资本对长三角城市群区域创新影响的实证研究——基于空间计量经济学模型[J]. 南京社会科学，2018，367(05):33－41.

[81] 王海虹，卢正惠．人力资本集聚对城市群经济发展影响分析——以长三角城市群为例[J]. 商业经济，2017(6):6－11.

[82] 于潇,毛雅萍．长三角地区人力资本对经济增长影响的比较研究[J]. 人口学刊，2015(03):43－52.

[83] Fang T , Gunderson M , Lin C. The use and impact of job search procedures by migrant workers in China[J]. China Economic Review, 2016, 37: 154－165.

[84] Chen, Zhao, Fang, Tony. Chinese Returnees and High-Tech Sector Outward FDI: The Case of Changzhou[J]. Iza Discussion Papers, 2017,15(3): 195－215.

[85] 袁辉．金融资本:从希法亭理论到经济金融化[J]. 当代经济研究,2014,2(14):5－11.

[86] 赵峰．金融资本、职能资本——资本主义的金融化——马克思主义的理论和美国的现实[J]. 马克思主义研究,2015,25(10):33－41.

[87] 陈享光．金融化与现代金融资本的积累[J]. 当代经济研究,2016(10):5－15.

[88] 裴宏．马克思的“适应性”货币流通理论及其在现代的变化——一个基于金融资本的观点[J]. 经济学家,2016:5－12.

[89] 张恩众，张守桢．金融资本、金融结构与区域创新能力[J]. 山东大学学报（哲学社会科学版)，2017(01): 88－96.

[90] 罗素梅，周光友．上海自贸区金融开放、资本流动与利率市场化[J]. 上海经济研究，2015(1): 29－36.

[91] 肖卫国，兰晓梅．新一轮美联储加息对中国跨境资本流动溢出效应研究

[J]. 经济学家，2017，2(2)：84－90.

[92] 王定祥，李伶俐，吴代红．金融资本深化，技术进步与产业结构升级[J]. 西南大学学报（社会科学版），2017，43(1)：38－53.

[93] Ma W，Li H. Time-varying saving-investment relationship and the Feldstein-Horioka puzzle[J]. Economic Modelling，2016，53：166－178.

[94] Kim K，Oh W，Song E Y. International capital mobility and structural transformation[J]. The BE Journal of Macroeconomics，2019，19(1).

[95] Engel C. Macroprudential policy under high capital mobility：policy implications from an academic perspective[J]. Journal of the Japanese and International Economies，2016，42：162－172.

[96] Romer P M. Two strategies for economic development：using ideas and producing ideas[J]. The World Bank Economic Review，1992，6(suppl_1)：63－91.

[97] 华坚，胡金昕．中国区域科技创新与经济高质量发展耦合关系评价[J]. 科技进步与对策，2019，36(8)：19－27.

[98] 吴传清，邓明亮．科技创新，对外开放与长江经济带高质量发展[J]. 科技进步与对策，2019，36(3)：33－41.

[99] 肖滢，马静．科技创新，人力资本与城市发展质量的实证分析[J]. 统计与决策，2018，16：169－172.

[100] 丁涛，顾金亮．科技创新驱动江苏地区经济高质量发展的路径研究[J]. 南通大学学报（社会科学版），2018(04)：41－46.

[101] 李翔，邓峰．科技创新、产业结构升级与经济增长[J]. 科研管理，2019，40(03)：84－93.

[102] 沈志敏．推动长三角地区更高质量一体化发展[J]. 科学发展，2018(10)：51－56.

[103] 江三良，赵梦婵．新时代对内融合与对外开放再考量——以长三角区域高质量发展的衡量为例[J]. 工业技术经济，2018(8)：16.

[104] 侯纯光，程钰，任建兰，等．科技创新影响区域绿色化的机理——基于绿色经济效率和空间计量的研究[J]. 科技管理研究，2017(8)：250－259.

[105] Pradhan R P，Arvin M B，Nair M，et al. The information revolution，innovation diffusion and economic growth：an examination of causal links in European countries[J]. Quality & Quantity，2019，53(3)：1529－1563.

[106] 刘志迎．长三角一体化面临的"剪刀差"难题及破解对策[J]. 区域经济

评论,2019(04):54—62.

[107] 马朝良. 产业链现代化下的企业协同创新研究[J]. 技术经济,2019,38(12):42—50.

[108] 刘国巍,邵云飞. 产业链创新视角下战略性新兴产业合作网络演化及协同测度——以新能源汽车产业为例[J]. 科学学与科学技术管理,2020,41(08):43—62.

[109] Dyer J H , Hatch N W. Relation—specific Capabilities and Barriers to Knowledge Transfers: Creating Advantage Trough Network Relationships[J]. Strategic Management Journal, 2006, 27(8):701—719.

[110] 王清晓. 契约与关系共同治理的供应链知识协同机制[J]. 科学学研究, 2016, 33(10):1532—1540.

[111] 吕巍,郭冰,王丽丽. 纵向研发联盟的稳定性及社会福利分析[J]. 系统管理学报,2009,18(4):421—427.

[112] 邹艳,陈宇科,董景荣. 三级供应链内中游企业纵向合作研发策略[J]. 管理工程学报,2011(1):216—220.

[113] 刘志迎,李芹芹. 产业链上下游链合创新联盟的博弈分析[J]. 科学学与科学技术管理,2012,33(06):36—41.

[114] 李文鹣,戴良平,郭本海,等. 后补贴时代复合牵引机制下新能源汽车上下游企业合作创新博弈分析[J]. 软科学,2021,35(01):81—88.

[115] 王丽丽,陈国宏. 供应链式产业集群技术创新博弈分析[J]. 中国管理科学,2016,24(01):151—158.

[116] 中华人民共和国生态环境部. 碳排放权交易管理办法(试行)[EB/OL]. https://www.mee.gov.cn/xxgk2018/xxgk/xxgk02/202101/t20210105_816131.html,2021—01.

[117] 张桂涛,王广钦,赵欣语,等. 碳配额交易体系下闭环供应链网络的生产与碳交易策略研究[J]. 中国管理科学,2021,29(1):97—108.

[118] 夏良杰,曹云丽,尹文昊,等. 碳交易规制下过度自信制造商与减排服务商的减排博弈研究[J]. 中国管理科学:1—12.

[119] 崔连标,范英,朱磊,等. 碳排放交易对实现我国"十二五"减排目标的成本节约效应研究[J]. 中国管理科学,2013,21(1):37—46.